基本体操教程

张庆建　蒋思佳　著

中国纺织出版社有限公司

内 容 提 要

基本体操是以不同的姿势、方向、路线、幅度、频率和节奏协同一致而编排组成的各种单个动作或联合动作，既可徒手（无器械）练习，也可持各种轻器械或专门器械进行练习，并且要求有一定艺术性的体育运动项目。本书分为理论篇、实践篇和示例篇，详细介绍了队列队形练习、徒手体操、轻器械体操的内容、分类、教学等，并以配图的形式对动作进行示例。本书适用于体育教师及体育爱好者。

图书在版编目（CIP）数据

基本体操教程 / 张庆建，蒋思佳著．-- 北京：中国纺织出版社有限公司，2024. 4

ISBN 978-7-5229-1689-7

Ⅰ. ①基… Ⅱ. ①张… ②蒋… Ⅲ. ①体操－教材 Ⅳ. ① G83

中国国家版本馆 CIP 数据核字（2024）第 077986 号

责任编辑：史 岩　　责任校对：高 涵　　责任印制：储志伟

中国纺织出版社有限公司出版发行

地址：北京市朝阳区百子湾东里A407号楼　邮政编码：100124

销售电话：010—67004422　传真：010—87155801

http://www.c-textilep.com

中国纺织出版社天猫旗舰店

官方微博 http://weibo.com/2119887771

三河市延风印装有限公司印刷　各地新华书店经销

2024年 4 月第 1 版第 1 次印刷

开本：710×1000　1/16　印张：15

字数：248千字　定价：99.90 元

前言

在此我们旨在以学术的精确性和深度，阐述《基本体操教程》一书的编撰初衷、结构安排及其在体育教育领域的学术贡献。该书是针对社会体育指导与管理专业设计的一门必修课程教材，其编纂过程集成了编者们在体操教学和理论研究方面多年累积的经验与智慧，同时，广泛吸纳了体育教育界内外的研究成果与教学实践，反映了对基本体操这一学科深度的探讨。

《基本体操教程》一书结构设计严谨，内容覆盖理论篇、实践篇及示例篇三大部分，共分九章。理论篇详细论述了基本体操的概念、内容、分类、特点、作用、教学与组织，旨在为读者构建一个全面的体操学科理论框架。此篇内容不仅涵盖了队列队形练习、徒手体操和轻器械体操等多元教学内容，还深入讨论了体操学科的理论基础及其与实践技能的整合方法，为学生奠定坚实的学术基础。实践篇着重讲述了徒手体操动作创编的依据、原则、要素、步骤及竞赛组织与裁判方法等，强调实践技能的培养与创新能力的激发。示例篇则聚焦于提供丰富的基本体操动作和成套动作示例，旨在通过直观的示范，加深学生对于体操动作技巧的理解，并激发学生的学习兴趣及创造力。此篇的编纂，考虑到了从初学者到进阶者不同层次的学习需求，旨在为广大学生提供一个实践操作的参考库。

在本书的编写过程中，我们不仅深入研究了体操学科的理论与实践，还特别注重教学方法的创新性与实用性，以满足社会体育指导与管理专业学生的实际需求。本书通过图文结合的方式，力求内容既具有学术深度，又易于学生理解和应用，同时，本书也适合作为高等教育机构体育专业及中小学体育教师的教学参考。在学术研究和教学实践的基础上，本书广泛引用并参考了当前学术界的研究成果和文献，对此我们表示衷心的感谢，并希望通过本书为体操教育领域的教学与研究提供新的视角和方法。我们也意识到，作为编者，我们的经验和能力有限，书中可能存在不足之处。因此，我们诚恳地邀请学术界的同仁和广大读者提供批评和建议，以便我们对教材进行持续的优化和完善。

通过开放的学术交流和不断的内容更新，我们期待《基本体操教程》能够在促进体操学科教学的同时，为学生提供宝贵的学习资源，进一步推动体育教育的发展。我们坚信，通过集体的智慧和努力，本书将能够为体操教学和学术研究领域做出贡献，激发更多学者和教育工作者对体操学科的兴趣和热情。

张庆建

2024 年 2 月 29 日

目录

第一篇 理论篇

第二篇 实践篇

第三篇 示例篇

第 一 篇
理论篇

第一章　基本体操概述

主要内容

本章主要从基本体操的概念、内容、分类、特点、作用、教学与组织等方面进行介绍。

基本体操主要包括队列队形练习、徒手体操、轻器械体操、专门器械体操、健美体操、实用性体操、生产体操、医疗体操、运动辅助体操等。[1]

基本体操可以按照人体的结构特征、练习形式、任务和特点进行分类。

基本体操的特点：内容丰富，形式多样，具有广泛的群众基础；简单易行，易于普及；既能全面发展人体，又能有选择地发展人体的某一部分。

在基本体操的作用一节，笔者介绍了队列队形、徒手体操、轻器械体操等在体育教学中的作用，以及基本体操对培养学生良好思想品德的作用，从而提高练习者对基本体操的学习兴趣。

教学目标

1. 了解基本体操的概念和特点。
2. 掌握基本体操的内容及分类。
3. 掌握基本体操的作用。

---

[1] 刘金．普通高校体育教育专业体操教材研究［D］. 成都：成都体育学院，2013.

第一节 基本体操的概念

基本体操是一项较为普及的群众性运动，它是以不同的姿势、方向、路线、幅度、频率和节奏协同一致而编排组成的各种单个动作或联合动作，有徒手（无器械）练习，也可持各种轻器械或专门器械进行练习，并且要求有一定艺术性的体育运动项目❶。基本体操可以个人进行，也可以集体或团队进行。

体操分为竞技性和非竞技性两种。基本体操是一种非竞技运动项目，具有一定的群众性，这与竞技体操是一致的，但是在内容及要达到的主要目的和实现的任务方面，与竞技性体操截然不同。基本体操教学的首要任务是促进身体健康发展，形成优美的身体形态，保持良好的精神风貌，加强骨骼、肌肉、韧带及五脏六腑的功能，培养灵敏、力量、速度、柔韧和协调性等身体素质。以增强人的体质，促进人的全面发展，提高人的机体机能为主要目的。增强人民群众的体质，服务于全民健身。

基本体操的特点在于动作简单，形式多样，内容丰富，并根据对象、场地和器材的具体条件，内容可以增加，也可以减少；训练的时间可以很长，也可以很短，练习负荷可以很大，也可以很小，无论男女老幼，体弱体强都可以有选择地训练❷。它是一项群众基础广泛、针对性很强的体育运动，已经成为各级学校体育教学与训练的主要内容❸。

第二节 基本体操的内容

基本体操主要包括队列队形练习、徒手体操、轻器械体操、专门器械体操、健美体操、实用性体操、生产体操、医疗体操、运动辅助体操等❹。

❶ 王伯华 . 基本体操［M］.1 版 . 杭州：浙江大学出版社，2004:1–5.

❷ 中公教育安徽教师招聘考试院 .2015 最新版学科专业知识小学体育［M］. 1 版 . 北京：世界图书出版公司，2014:242–245.

❸ 王伯华 . 基本体操［M］. 杭州：浙江大学出版社，2004:5–6.

❹ 刘金 . 普通高校体育教育专业体操教材研究［D］. 成都：成都体育学院，2013.

一、队列队形练习

在体育课、军训中，队形训练是必不可少的一项内容。队列练习是指单人在一定队形下的班（队）协同一致地执行口令行动。队形练习则是在队列练习的基础上所进行的图形行进和队形的变化。❶二者的不同之处在于，队列训练要严格遵循《中国人民解放军队列条令》的要求，许多队形训练在军式体操中得到了保留。队列训练是军队指挥员、体育教师必须掌握的一种基本技术。队形训练包括图形行进，队形变化，分散和集中。在体育教学中，队列队形是团体操的一种组织方式与方法。进行队列队形训练，能使运动员有良好的体态，培养严谨的组织纪律与团队合作精神，培养快速、准确、协调的工作风格。对体育教师来说，掌握队列队形练习是一项必备的职业技能。

二、徒手体操

徒手体操是依据身体各个部分的特点，由举、振、屈、伸、转体和绕环等一系列徒手动作所组成的身体练习，并以不同的方向、频率、路线、幅度及节奏按一定顺序编排而成的一组动作❷。在体操运动中，既有最基础的单人动作，也有简单配合的双人动作，这些都具有较强的群众基础。广播体操、生产操也包含在徒手体操内。坚持进行徒手体操锻炼，可以提高肢体和躯干的柔韧性，从而增强肢体对于动作的协调配合能力；促进中枢神经系统发育，加快新陈代谢，对各种疾病起到预防作用；改善个人的精神面貌，增强个人气质，提高个人表现能力。

三、轻器械体操

轻器械体操是在徒手体操的基础上，利用各种轻器械，如体操棍、哑铃、跳绳、实心球、沙袋等来进行身体练习。在单人和双人动作中，分别以不同的方向、路线、幅度、频率和节奏，按一定的顺序来创编，由举、踢、摆、振、蹲、转体、绕环、屈体、跳跃等徒手动作所编排组成的身体练习❸。例如绳操和棍操，能够促进身体的正常发育，提高力量、灵敏、弹跳力和协调性等身体素质。其动作简单易学、利于普及、不受场地限制，同时群众推广性强，轻器械体操因其含有的器械配合，在全民健身活动中极富娱乐性和观赏性。

---

❶ 韦广忠，郑湘平 . 基本体操理论教学与实践 [M]. 武汉 : 湖北大学出版社，2006:32-33.

❷ 张涵劲 . 体操 [M]. 3 版 . 北京：高等教育出版社，2015：49-51.

❸ 文烨，万江，李锐 . 高等学校公共体育新形态教材大学体育理论与基础 [M]. 2 版 . 北京：高等教育出版社，2018:162-165.

四、专门器械体操

专门器械体操是指在体操凳、肋木、爬绳（竿）等器械上进行的体操练习。它的特点在于，在运动中，通过使用各种不同的运动方式，使运动对人体产生不同的冲击，利用增加负重，增加辅助设备等，以此来增加训练强度。[1] 专门器械体操可以较好地锻炼力量、速度、柔韧等身体素质，又因其独有的器械练习，在培养意志品质、胆识魄力、良好体态等方面都具有良好效果。

五、健美体操

健美体操是融体操、舞蹈、音乐于一体的一种体育项目。经常进行健美体操锻炼，能使心肌增厚，心腔容量增大，血管壁弹性增强，进而提高心脏的功能；能提高呼吸深度，增加每次呼吸时的气体交换量，从而满足激烈运动时气体交换的需要，提高机能水平；能提高消化系统的机能，有助于营养物质的吸收和利用，从而提高对疾病的抵抗能力。健美体操运动除了具有增强体质的作用外，还具有塑造健美体形的功能，使练习者体态变得丰满、线条优美、秀丽动人。[2] 除此之外，健美体操还可以改善人的精神面貌，由于它是在音乐伴奏下进行的身体练习，人们在快乐的氛围中进行锻炼，可以愉悦心情，放松精神，消除疲劳，释放压力。健美体操是一种极具特色的体育项目，在全国范围内具有举足轻重的作用。健美体操分为有氧运动和竞技运动两种类型：一种是以健身为目标的有氧运动；另一种是为了竞技比赛的竞技项目运动。目前，根据全国健美操锦标赛规程，竞技健美操的比赛项目包含男子单人操、女子单人操、混合双人操、三人操和五人操、有氧舞蹈、有氧踏板等。

六、实用性体操

实用性体操是根据生活或军事的实用技能而编排的一种身体练习，如攀登、爬越、搬运、负重行走等。实用性体操对于学习掌握一些实用技能与生存技巧大有帮助，能增强体质，锻炼意志，提高个人的综合素质。

七、生产体操

生产体操是在人的生活环境中，根据人们的生活特点与习性，编排一些利用手持器械或徒手完成的针对性动作练习。它在一定程度上能够缓解或消除由工作产生

---

[1] 宋海宾，张爱平，黄河，等.大学体育俱乐部理论与实践教材［M］.北京：北京体育大学出版社，2014:84-90.

[2] 刘晓，叶鹏，邓文才.大学体育与健康新教程［M］.北京：中国档案出版社，2006:177-178.

的身体疲劳，预防职业病，以此提高劳动生产率。

八、医疗体操

医疗体操是徒手或在特殊医疗器械上进行，根据预防伤病和保健养生的需要，配合各种医疗手段与方法而编排的一种身体练习。其中，以“导引养生术”“易筋经”“五禽戏”“八段锦”及“眼保健操”为代表。在提高人身体机能、防治创伤与疾病方面有良好效果。[1]

九、运动辅助体操

运动辅助体操是根据不同的项目运动和不同练习者（年龄、性别、类型、竞技或业余爱好者等）的需要，可以选择徒手或利用各种运动器具或在体操器械上，编排一些专门性的身体练习。这对于提高练习者的身体素质、竞技水平，增强运动能力，培养运动兴趣都有很好的效果。

第三节　基本体操的分类

对于基本体操，目前尚无一种完整的分类。从总体上讲，基本体操可以按照人体的结构特征、练习形式、任务和特点来划分。

一、根据人体结构特征的分类

根据人体结构特征的分类，如图 1-1-1 所示。

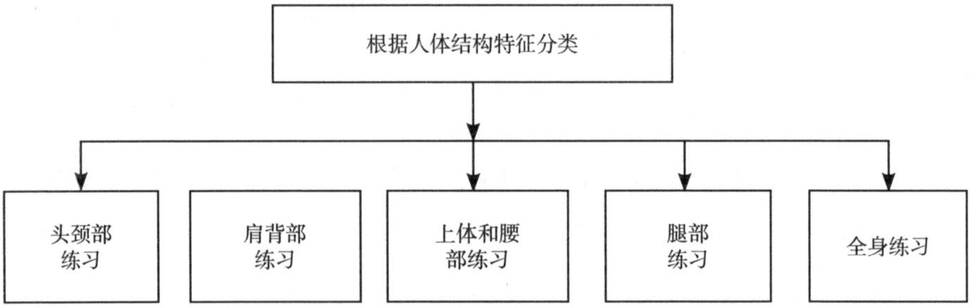

图1-1-1　根据人体结构特征分类

二、按练习形式分类

按练习形式分类，如图 1-1-2 所示。

[1] 封官声．基本体操［M］．武汉：华中师范大学出版社，1997:2-5.

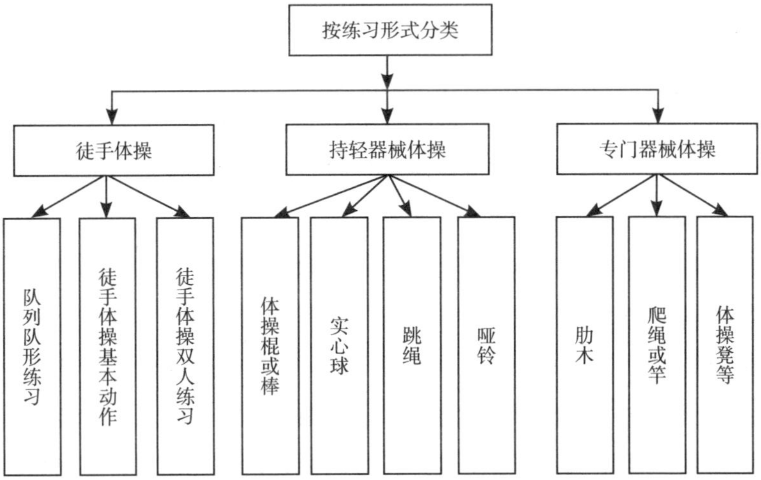

图1-1-2　按练习形式分类

三、根据任务和特点分类

根据任务和特点分类，如图 1-1-3 所示。

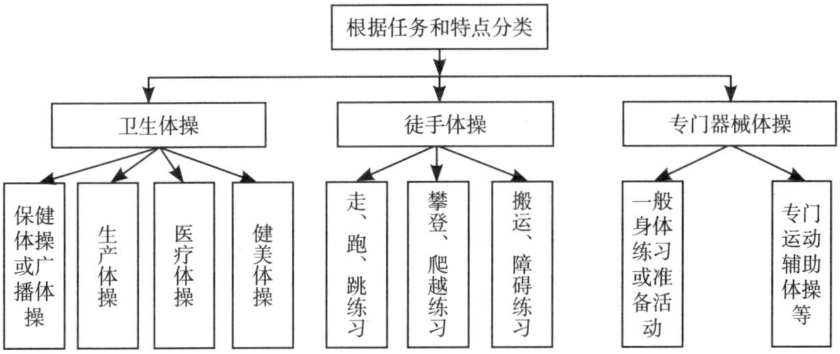

图1-1-3　根据任务和特点分类

第四节　基本体操的特点

一、群众基础性

基本体操包括队列队形练习、徒手体操、持轻器械或在专门器械上进行的各种身体练习。例如队列队形练习包括有原地和行进间两种。队形练习包括图形行进、队形变化、散开与靠拢等。再如，徒手体操包括单人动作、双人动作和集体动作。单人动作包括各部位的基本动作及组合，以及不同部位的动作及组合等。[1] 基本体

[1] 封官声．基本体操［M］．武汉：华中师范大学出版社，1997:2-5.

操的内容丰富多彩、组织形式多样、场地不受约束、套路选择广泛、群众普及度高。基本体操的练习项目，难易程度可以选择，运动强度可以控制，练习者可以根据需求（性别、年龄、身体素质、训练水平、个人喜好等）选择合适的项目进行针对性锻炼，从而促进身体健康，增强体质。因此，基本体操是一项利于开展普及的群体运动。它不仅是学校体育的一种重要内容，也是运动训练的一种有益补充，同时更是企事业单位、社区群众参加全民健身活动的一项基础内容。

二、推广普及性

基本体操是易推广和普及的运动项目。它可根据人体部位的解剖结构特点，按照头颅、上肢、下肢、躯干的顺序分别选择动作，由举、振、屈、伸、转、踢和绕环等练习加以组合而成，动作可简可繁，可难可易，变化多样，难易皆备。❶ 例如广播体操，动作结构简单，技术要求不高，无须器材场地，但经常锻炼能促进身体健康，提高工作效率，振奋精神。基本体操运动对促进我国全民健身事业的发展具有举足轻重的作用。在学校，它被广泛应用于体育教学、大课间及课外训练热身等各种身体锻炼活动中，成为一项不可或缺的内容；在企事业单位，对预防和缓解一些职业病有一定功效，已经成为各项生产、工间操的重要组成部分；在户外拓展活动中，成为生存技能培养的重要组成部分。

三、发展全面性

基本体操是一项群众参与度较高的运动。在练习时，先要对项目内容进行分析，做出合理选择，然后坚持锻炼，这样才能增强身体的内脏器官和神经系统功能，从而促进人体的全面发展；也可以就提升某项身体素质，或是身体的某个部位进行针对性锻炼，从而使部分能力得到一定发展提升。比如，通过某些特定的矫正运动练习，来改善练习者的不良体态，或是预防不良姿势的行为习惯；通过举办各种各样的医学体操，预防某些疾病；通过创造形式多样的生产体操，提前预防某些职业疾病；通过编制各类特殊项目的辅助性体操，提高专项运动技能的水平。基本体操运动对于促进人体全面发展，提高个人的身体素质具有重要作用。

---

❶ 韦广忠，郑湘平．基本体操理论教学与实践［M］. 武汉：湖北大学出版社，2006:32-33.

第五节　基本体操的作用

一、队列队形在体育教学中的作用

在体育教学中，队伍的队形是一个重要组成部分，也是完成课堂教学的基本保障。在体育课程中，合理应用队列队形，有助于完成课堂教学，提高教学效率；可以有效地提高学生的学习热情，激发他们的学习兴趣；可以方便教学，增强教学效果；可以规范学生的纪律要求，培养良好学习习惯。

（一）有助于完成课堂教学，提高教学效率

体育课堂教学包括开始、准备、基本、结束四个部分。在开始部分，队列队形的运用，主要强调课堂的纪律作用，提醒学生快速进入学习状态。在准备部分，队列队形的合理调动，能使学生快速达到热身目的，避免运动损伤。在基本部分，采用不同的队形变换，可以使学生快速了解和适应队形的变化，为教学活动的顺利开展做好准备工作。便于学生在教学过程中，根据教师的教学要求，迅速变换合理队形，提高教学效果，保证练习时间，加强练习密度，提高整体教学效率，使课堂组织变得越发严密。在结束部分，主要做好放松练习的队形变化，增强空间变化效果，最后集中小结，可充分拉近师生距离。因此，在整个教学过程中，队列队形不可或缺，具有举足轻重的作用。

（二）提高学习热情，激发学生的积极性

在课堂教学中，队列队形对课堂教学有很大的促进作用。教师以教学内容为基础，将队列队形与课程内容相结合，使原本单调枯燥的教材变得生动有趣，不仅可以激发学生的学习兴趣，提高学生的学习积极性，还可以活跃课堂气氛，给体育课注入生机[1]。在开始部分，集合整队是必要环节，队列队形变换一般都是由散点到集合方阵队形，这是一种固定的常规动作组合搭配，但是对于低年级学生，难以进入上课状态，因此可以根据实际情况，合理运用情境教学手段，营造良好教学氛围，使学生的思想情感都能快速进入上课状态。在准备部分，教师可以将枯燥的热身跑，变为齐步走、跑步走及齐跑步互换等，测试学生的反应能力，激发学生的锻炼热情；在基本部分，教师可采用多种形式的队形变换，例如，可采用交换前后左

---

[1] 彭炤灶．浅谈队列队形在体育教学中的运用［J］．魅力中国，2011（2）:350.

右位置，后排前进前排后退等队列调动，以此来扩大学生的观察视野，检验学生的学习效果，提高学生的锻炼积极性；在结束部分，教师可利用队形变换，行进间教师融入练习队伍，增进师生交流。所以，在课堂教学部分，正确变换队列队形，可以有效地提高学生的学习热情，激发他们的学习兴趣。

（三）便于教学，增强教学效果

在体育课程教学中，教师应依据教材的要求，合理安排有关的队形，避免为练而练。根据教材内容的特点、器材、学生人数等，对所需的队形进行合理设计，既方便体育课的教学，又能提高体育课堂的教学效果。[1] 比如，在篮球运动中，在篮板下摆成竖排，依次进行投篮练习，这样既可以规范课堂的教学秩序，合理安排训练时间，又可以避免练习者在训练过程中因乱投造成的危险；在足球运动中，两人一组距离传球练习，通过不断增加传球距离，这样既保证了传接球的配合训练，又保证了场地的有效运用；在排球运动中，把同学们分为若干组，每组围成一个圈在指定位置上面向圆心相互传球练习，可让同学们对各角度传球有更多的积累训练，并为下一阶段的教学任务，在跑动中传球做好铺垫。所以，在教学中合理地安排队形，既方便教学，又能确保教学效果。

（四）规范纪律要求，培养良好习惯

队列队形练习在体育课堂教学中具有特殊地位，整个教学组织过程都与队列队形的协调配合密不可分。

教师在体育教学过程中，正确运用准确、迅速、整齐划一的队形口令，达到学生听从指挥，步调一致，严格要求的目的，使教学过程井井有条，教学训练紧密协调，教学效果显著。

让学生准确、迅速、整齐地执行口令要求，这就使得整个教学过程变得有条不紊，整个训练变得紧凑而顺畅，效果更加显著。进行队列队形练习，可以在上课的开始阶段，使学生的注意力更加集中，从而提高他们的专注程度，也可以在教学结束后，使学生在较为舒缓的运动过程中，恢复到较为安静的状态，从而更好地准备下一节课。除此之外，队列队形练习也能使教师在教学中节省时间和精力，帮助教师顺利地完成科学、合理、高质量的体育教学。队列队形训练还可以培养学生的组织性和集体主义精神，以及团结协作意识，有利于学生在今后的生活和学习中

[1] 彭炤灶 . 浅谈队列队形在体育教学中的运用 [J]. 魅力中国，2011（2）:350.

运用。[1]

教师如果忽视队列队形练习，严重者会影响课堂纪律规范，降低教学效果，无法较好完成既定的教学任务，从而延缓教学进度，最终影响学生学习效果。因此，良好的队列队形练习，对于规范学生的纪律要求，培养良好的学习习惯，有至关重要的作用。

二、徒手体操在体育教学中的作用

徒手体操作为一项重要的教学内容，常见于学校体育课、课间操和课后活动中。经常进行徒手体操练习，可以使大脑皮层兴奋，提高学习效率；其动作类型多样，可以提高身体素质；搭配组合练习，可以提高肢体协调能力。

（一）使大脑皮层兴奋提高学习效率

徒手体操能够使学生在锻炼过程中，大脑皮层兴奋，工作能力得以恢复和提高，有利于提高自身的学习效率，还可以锻炼学生的身体，培养学生良好的体育锻炼习惯。

（二）动作类型多样，提高身体素质

徒手操的动作类型多样，能够给学生提供更多选择，在课余时间练习徒手操，可以根据自己的身体素质进行选择。在体育课、课间操等时间，学生们可以把它当作一种普通的身体活动来练习，这样对提升自己的力量、柔韧性、灵敏度和协调性大有帮助。

（三）搭配组合练习，提高肢体协调能力

徒手体操还可以与其他运动进行组合练习，提高学生对于自身躯干、肌肉、肢体及其他部位的支配能力，从而提高肢体协调性，增强躯干、四肢及其他部位的灵活度，加速血液循环，维持活力，愉悦心情，使人体在运动过程中的动作更加规范、准确。

三、轻器械体操在体育教学中的作用

轻器械体操、在特殊器械上进行训练，是由徒手体操发展而来的，它可以使整个训练内容多样化，给徒手体操带来更多的表现方式。多样化的器械与动作，能够满足学生对体育教学需要，并激发他们的运动兴趣。在体育课中，为了提高身体素质，体育器材的选择通常都是相对容易的，大多数人都会选择体操棒、藤圈等

---

[1] 彭炤灶 . 浅谈队列队形在体育教学中的运用［J］. 魅力中国，2011（2）:350.

器材。[1]每种运动器材各有优劣，在教学中，教师通过使用各种运动器材来指导学生，可以促进学生的各项身体素质的平衡发展，从而达到体育教学目的。

轻器械体操训练可以对人体进行全方位锻炼，有效提高锻炼效果。例如，在体育教学中，教师利用体操棒法，可以加强关节的柔韧性和灵活性，训练肌肉的控制力，提高协调能力。通过对木棍的运用，教师可以使学生更好地掌握木棍的动作，激发学生的兴趣，增强他们的体育技能。各项体育运动都有其独特的节奏，找到适合自己的节奏感，有利于学生顺利完成体育运动，增强体质。在体育教学中，通过对各类体育器械的运用，学生在体育器械的限制范围内，可以更好地进行体育技能和技术的学习，掌握技术要领，对自己的动作进行规范，尽可能地减少伤害事故的发生。[2]特别是在器械训练中，不管是初学者还是有经验的练习者，在面对挑战度较高的动作时，都会产生畏难情绪，他们会自信心不足。因此，教师需要给予学生一定的保护，使学生体会到在整个运动过程中的标准动作带给身体的肌肉记忆感觉，这有助于学生自信心的培养，增强自身意志，从而更好地完成体育教学。

四、基本体操对培养学生良好思想品德的作用

（一）竞争意识

基本体操同其他体育一样，其重要魅力之一就是竞争比较激烈。开展基本体操运动对提高大学生竞争意识有重要意义。例如广播体操竞争过程中，以竞赛规则的约束力，让学生意识到“公平竞争”不仅是基本体操比赛的目的，也是学生在学习、生活中必须遵循的宗旨。生而平等，是世界的公平法则；公平竞争，是竞技运动的专项规则；公正执裁，是竞技裁判的基本准则。世界上所有人都是平等的。在这样的环境中，培养学生公平的意识，形成公正的态度，体会竞争的残酷，从而在今后的学习、生活和工作中，都能够尊重客观事实，遵守公正原则。因此，在体育教学中，基本体操训练是提高学生竞争意识的重要手段。

（二）合作意识

由于时代的变迁，生活环境的影响，现代学生普遍养成了以“我”为本的思想观念，很多同学在团队中缺乏合作精神，常常独来独往，对他人、对社会没有责任感，甚至处于漠然状态。每个人都是一个独立的个体，性格的差异，想法的交流，是通过人际交往沟通来进行磨合训练，这很难用讲课或讨论的方式来培养合作

---

[1] 姚伟 . 浅析基本体操在中学体育教学中的作用 [J]. 新教育时代电子杂志，2019（13）:72.

[2] 姚伟 . 浅析基本体操在中学体育教学中的作用 [J]. 新教育时代电子杂志，2019（13）:72.

精神，只有通过人与人的交往，共同完成任务并获得不同结果的经验，在共同工作分享所获成果，在共同承担责任的关系中，才能培养合作精神。基本体操对培养学生的协作精神有其独特的作用，运用多种教学方式，在课堂上可以进行多种小组练习，如队列队形、徒手操练习等。体育教师在教学过程中，对学生要注重协作意识的培养，使他们能够感受到共同奋斗带来的价值体验，在体育竞争中获得协作共赢的快乐，这对于他们在未来的工作中，学会承担责任、分配工作任务、配合协调工作、开展良性竞争，为达成同一目标，学会合作共赢，提高集体荣誉感和团队精神等都大有帮助。

（三）意志品质

基本体操是一项要求学生身心共同参与的活动，具有培养学生坚韧不拔、锲而不舍、奋发图强、直达胜利的导向。在基本体操教学过程中，最重要的就是纪律意识的培养，严格遵守课堂常规，既能保证课堂教学的良好秩序，又能促进学生技术、技能的学习，还能有效地培养学生的组织纪律性。例如，在每次体育教学课的集合整队、队形练习、队列调动、队形变化等方面，都需要学生之间步伐整齐，保持一致，这对学生遵守纪律意识的培养有很大帮助。在基本体操竞赛中，最重要的是对于规则意识的培养，利用基本体操的竞赛等方式，对学生进行规则教育，让他们知道在活动中，哪些行为是可以做的，哪些行为是不可以做的。从形式上看，这是为了确保比赛的顺利进行，而延伸的含义则是为了培养学生遵守纪律，遵守活动规则，养成良好的习惯。在基本体操教学中，教师进行长期的、潜移默化的教育，逐步培养出一种自觉遵守纪律的意识和习惯，这对于学生步入社会后，能够自觉地规范自己的行为，遵守国家的法律法规，具有重大而深远的意义。

（四）陶冶学生的道德情操

基本体操因其运动内容、运动形式的多样性，在培养大学生品德修养方面更具综合性。不同的运动项目，其活动形式和要求也不一样，在培养学生的品德方面也有不同的效果，例如，队列、队形、基本体操教学，在培养学生的组织性、纪律性、集体主义精神方面都有显著效果。在体育教学中，教师通过基本体操的游戏和比赛，培养学生的坚韧性，克服困难和自我超越的能力，起到特殊的教育作用。基本体操有利于培养学生健康的形态美，高尚的精神美，时尚的艺术美，形成正确的审美观念，增强对美的感知、欣赏、表达、创造等能力。

第六节 基本体操的教学与组织

一、注重思想教育宣传工作

基本体操运动的一个重要特征就是实践性与群众性，为了更好地开展基本体操活动，有关部门应该做好宣传教育工作。[1]从思想上提高广大群众对基本体操运动的认识，在实际活动中普及推广基本体操运动，让群众在生活工作学习中养成良好的健身锻炼习惯。

二、注重合理的操练队形

合理的操练队形是体育教学和组织的重要保障，要想取得良好的操练效果，就必须选择一个合理的操练队形。操练队形多种多样，一般有横队、纵队、长方形、正方形、菱形、三角形、圆形和半圆形等[2]，操练队形的注意事项如下：

（一）纪律要求

集合整队快、静、齐。快：在规定的时间内快速到达指定的队形位置；静：由散点位置安静到达指定的队形位置；齐：完成整个队形的统一动作要整齐划一。

（二）队形要求

操练的阵型种类繁多，应视操练的种类而定。一般情况下原地定位操，队形有长方形、四方形、半圆形、“八”字形、阶梯形等。行进间操可采用一路或多路纵队等进行[3]。注意事项如下：

（1）根据场地面积与操练人数。例如，狭窄空间，人数众多，多采用四边形站位。

（2）根据练习者的观察视角。例如，讲解示范时，多采用密集方形前蹲后站，练习动作，多采用方形插空队形，这样更容易地看到讲解示范员的演示动作。

（3）根据间隔距离。例如，徒手操练，通常横向是两个手臂以上间距，纵向是一臂以上的间距；轻器械操练，依据器械的长度、投掷的幅度、动作方向、器械移

---

[1] 吕万刚，胡建国，宋文利 . 体操 [M]. 北京 : 北京体育大学出版社，2007:13-14.

[2] 王玉会，李建申 . 学校健美操与艺术体操创编及教学训练指导手册 [M]. 北京：中国教育出版社，2004:55-56.

[3] 韦广忠，郑湘平 . 基本体操理论教学与实践（第 1 版）[M]. 武汉 : 湖北大学出版社，2006:32-33.

动空间来选择适宜的距离。

（4）根据学龄的特点。例如，低年级可选用原地立定操，中、高年级或纪律严明者可选用步间操或换位等较复杂的队形。

（5）根据气象条件。例如，根据风向、阳光、其他干扰物及周围环境，灵活调整队伍的变化。

（6）根据配合练习动作。例如，双人或多人的动作，左右两列、四列双数的纵队练习，前后两排的横队变化，或是成对、成团的聚集进行练习。

三、注重正确运用示范

教师通常通过动作示范来直接、生动、真实、形象地进行教学活动。正确而漂亮的示范动作，既能帮助学生树立正确的观念，又能调动他们的学习热情，加快他们掌握技术的熟练程度[1]。

（一）教师示范的要求

精神饱满，动作正确有力，部位正确，节奏速度恰当，时间适宜。

（二）教师示范的位置

要按照训练数量和阵型来进行。立正姿势，教师通常站立于一组中心线前方等腰三角顶点的位置。若人数众多，则需立于高处做示范。在行进间操练中，教师应站在队列前面 1/3 的左侧位置最为适宜。[2]

（三）教师示范的方法

教师的示范方法有很多种，如讲解示范、完整示范、分解示范、常速示范、慢速示范等，而教学对象、教学动作、教学环境等是确定教师示范方法的重要因素。若教学对象为初学者，多采用形象的讲解示范，反复练习强调。一般情况下，动作简单、面向单一，在教学对象掌握了一定的技术基础上，教师可以采用完整示范建立动作概念，再采用正常速度进行常规教学。若是动作复杂，教学对象又是初学者，教师可采用慢速演示，讲解示范，必要时进行动作组合拆分，分解教学，待动作熟练掌握后，再进行完整演示。

---

❶ 张予南，高留红．体操初级教程［M］．北京：北京体育大学出版社，2011:156–157.

❷ 易小坚，罗培，黎明华，等．体育教育实习指导［M］．长沙：湖南师范大学出版社，2012:23–28.

（四）示范的种类

1. 镜面示范

教师面向学生做反向动作，就像镜像动作一样，学生看老师的完成动作像是照镜子一样。动作路线比较简单，通常是在额状面左、右方向完成的动作，便于学生观察模仿。教师面向教学对象可以直接观察到动作完成情况，精准看出动作的问题。对于矢状面前后完成的比较复杂的动作，不应采用镜面示范。

2. 侧面示范

教师侧身面向学生进行教学，通常用来展示矢状面前后方向运动的动作。

3. 背面示范

教师背对学生进行教学，跟随练习为主，主要用来指导动作路线、动作方向及复杂动作。

4. 正面示范

教师与学生面对面进行示范教学。当教师讲授新动作的时候，常常使用这个示范面向，便于初学者建立动作整体轮廓印象。

四、注重恰当运用讲解

讲解示范二者相辅相成，在教学中，教师要精准讲解，抓重点矛盾，尤其要将动作的方向、动作运行轨迹和身体各个部位的配合方式及动作要求等讲清楚，一般为边讲解边示范，也可只做示范不讲解，或是正确示范和错误示范相结合，加深练习者对于动作掌握的熟练程度，形成牢固的正确动作印象，但切勿光说不做。

五、注重合理运用口令

口令是调动队伍指挥做操的号令。口令的好坏会影响做操的效果。[1] 做运动时，口令的正确与否会直接影响动作的效果。准确运用口令可以使体操队形更加整齐，也能使动作更加统一优美。运用口令注意事项如下：

（1）吐词沉稳有力，语速控制合理，要说普通话，不要说方言，要确保大家都能听明白。

（2）声音要大，确保每个人都能听到。

（3）口令不可速度太快，要确保大家能做出动作的反应时间。

---

[1] 王玉会，李建申.学校健美操与艺术体操创编及教学训练指导手册[M].北京：中国教育出版社，2004:55-56.

（4）口令要精确、清晰、响亮、有强烈的节奏感，其强度和长度要根据动作的性质、动作的熟练程度及动作幅度的大小来决定。

（5）除数字口令外，还有提示口令和其他口令。例如在做操时口令可采用“一、二、三、四，两、臂、伸、直”或“用、力、踢、腿，五、六、七、八”等提醒数字。

（6）省略口令，可根据完成动作熟练程度省略部分口令。

六、注重及时纠正错误

在体育教学中，教师应时刻关注课堂练习情况，把握学生练习进度，发现错误动作后应立即分析原因，然后采取措施予以纠正。纠错方法包括个性问题个别纠错、共性问题集体纠错、配合问题互相纠错等。个别纠错是在单个或是少数错误出现时，不停止练习进行巡回指导，利用口令提示、眼神暗示、手势提醒或言语引导纠错。集体纠错是在大部分人都有错误，而且错误比较多的时候，停下来纠错讲解。互相纠错指的是在出现各种不同错误的时候，可以采取一对一或者面对面互相纠错的方式，一人练习一人观察纠错、双人同时面对面练习纠错等方式。解决办法如下：

（一）提示口令纠错

提示口令包括一、二、三、四，以及两臂伸直或用力踢高等。

（二）暗示纠错（眼神、手势）

边练习边用手势或眼神提示某一学生看教师做纠正错误的动作。

（三）停止练习纠错

如果在很多学生练习中都出现了错误，且用以上方式仍无法改正的情况下，教师应该停下来，再进行一次解释或者演示来改正。

（四）练习者相互纠正

分两批进行练习，先让一批练习者完成动作，然后让其他练习者仔细观看并纠错。采用一对一或面对面的方式，进行互相纠错练习，这样可以更加直观形象地发现错误问题，掌握正确动作，培养教学技巧，形成团结互助的团队精神和意识。

复习思考题

1. 简述基本体操的概念。
2. 简述基本体操的内容和分类。

3. 简述基本体操的特点。

4. 简述队形队列在体育教学中的作用。

5. 简述徒手体操在体育教学中的作用。

6. 简述轻器械体操在体育教学中的作用。

7. 简述基本体操对培养学生良好思想品德的作用。

第二章 队列队形练习

主要内容

本章主要对队列队形练习的概述、队列练习的内容、队形练习的内容、口哨与手势的功能及运用、队列队形的教学等内容进行详细介绍。

队列队形练习的概述介绍了队列练习、队形练习的概念；队列队形练习的作用、特点及分类。队列和队形的练习内容中详细介绍了原地和行进间队列练习、图形和队形变化的队形练习。

本章阐述了口哨和手势的作用和功能，帮助练习者对在学习过程中充分利用口哨与手势，并掌握使用方法。

队列队形的教学主要介绍了教学特点、教学原则、教学方法。特别介绍了在队列队形中如何培养口令和指挥能力，并提出了队列队形对教师、学生的要求，有利于提高教师、学生的口令和指挥能力。

教学目标

1. 了解队列练习和队形练习的概念。
2. 掌握队列队形练习的内容。
3. 掌握队列队形练习的特点、作用以及分类。
4. 掌握口哨与手势的运用。
5. 掌握口令和指挥能力。

第一节　队列队形练习的概述

一、队列队形练习的概念

队列练习：在体育教学中，严格执行《中国人民解放军队列条令》，按照一定的队形，做协同一致的动作。[1]

队形练习：根据体育教学的特点、任务和需要，在队列练习的基础上，协同地进行各种队形和图形的变化。[2]

队列练习原则上按照《中国人民解放军队列条令》来进行，而队形练习则是在队列练习的基础上所做的各种队形和图形的变化。二者是有区别的，如集合、解散、整齐、报数等都是以一定的队形作为前提的，包含着基本的队形变化因素。而队形练习则是以队列动作为基础的，没有统一的队列动作，就不可能进行各种各样的协同一致的队形和图形变化。因此，队列练习、队形练习在体育教学中是紧密结合的，是相辅相成的整体，不可能严格区分开来。[3]

二、队列队形练习的作用

队形教学在学校体育课中占有重要地位。学生们按一定的队形进行协调的规范化动作，其规范应遵循《中国人民解放军队形条令》的规定。队形练习是以队列练习为基础，按照任务要求，在方向、路线、节奏、人员组合等多种因素中变换队形和图形的练习。阵型和阵型虽然不同，但却有千丝万缕的联系。协调队形的实施，要求在特定的队形条件下；在进行队形或图形练习的时候，又要通过队列动作来实现，前者是后者的基础（元素），后者是前者的排列形式。[4]

队列队形训练不受场地、器材和季节等因素的影响，每节体育课都可以有计划地进行。在体育教学中，整齐、准确、熟练的队列动作，清楚、愉悦的图形变换，可以激发学生的斗志，是老师体育教学中的重要组成内容。队列队形练习不仅是体育教学的一项内容，同时也是教师对教学进行合理组织、完成特定任务的一种教学

---

❶ 百度文库 . 队列队形练习 [EB/OL].

❷ 王伯华 . 基本体操（第 1 版）[M]. 杭州 : 浙江大学出版社，2004:7-33.

❸ 王玉会，李建申 . 学校健美操与艺术体操创编及教学训练指导手册（第 1 版）[M]. 北京：北京教育出版社，2004:66-67.

❹ 易学，冉清泉 . 现代体育准备活动（第 1 版）[M]. 重庆 : 西南师范大学出版社，2006:78-79.

手段。比如给学生分班授课；为了增强学员的训练兴趣，调动学生的学习积极性；培养学生的道德品质等。将队列训练应用于体育教学，不仅可以有效地组织学生的活动，帮助他们更好地完成教学任务，更是上好体育课、开展好体育活动的重要保证和根本方法。

队列队形练习的作用如下：

（1）培养学生的规矩意识、集体主义思想、团队协助能力。

（2）培养学生的注意力、反应和判断方向的能力，推动教学和其他活动的顺利开展。

（3）培养学生节奏感和审美观。

（4）提高学生的身体素质，使其具有良好的体态及协调的肢体运动能力。

三、队列队形练习的特点

（一）动作简单

动作简单易学，但需要认真完成重复训练。练习时极易感到乏味，难以做到持之以恒，所以格外讲究教学方法。

（二）严格一致

所谓严格，是说人人均要按特定要求执行；所谓一致，是说众人要协同一致，不能个人“突出”。

（三）反复练习

队列队形练习每天都要进行，而且动作都是周期性的重复，要在反复中千锤百炼，才能练好。

四、队列队形练习的分类

队列练习有两种类型，即原地队列练习和行进间队列练习。原地队列练习中的动作可分为常规动作、原地转体动作、队列变换动作；行进间队列练习的主要内容有：步法及其变化、行进间转法、队列变化、转弯等。[1]

队列练习可分成三大类：图形移动，队形变化，分散和集中。阵型排列可分为直线排列、斜线排列和曲线排列；分散和接近分为间隔、梯形、弧形[2]。

五、队列队形的术语

（1）列——学生左右并列成一排叫列。列是组成横队的要素，从右向左由高矮

---

[1] 王玉会，李建申.学校健美操与艺术体操创编及教学训练指导手册（第1版）[M].北京：中国教育出版社，2004:66-67.

[2] 江勇金，范建军.现代体育新秀团体操[M].呼和浩特：远方出版社，2007：18-23.

顺序依次排开。横队称“× 列横队”。

（2）横队——学生按“列”排成的队形叫横队。一般队形的宽度要大于队形的纵深。

（3）间隔——学生左右相隔的间隙。一般为一拳（约 10cm），队与队之间约两步距离。

（4）路——学生前后排成一行叫路。一般是从前到后按高矮顺序排开。

（5）纵队——由“路”排成的队形叫纵队。一般队形的纵深是大于队形的宽度。纵队称“× 路纵队”。

（6）距离——学生前后相隔的间隙叫距离。大约达一臂长（约 75cm），队与队之间约两步距离。

（7）翼——队列的左右两端叫“翼”。左侧为左翼，右侧为右翼。

（8）排头——位于纵队之首或横队右翼的学生叫排头。

（9）排尾——位于纵队之尾或横队左翼的学生叫排尾。

（10）基准——教师指定作为看齐目标的学生和以其行进方向为准的排头叫基准。

（11）伍——在两列或数列（路）站立时，前后（左右）排列成的学生叫伍。各伍人数相等叫满伍，人数少于列（路）叫缺伍。

（12）步幅——是指一步的长度，即前后脚脚跟之间的距离。

（13）步速——是指每分钟行进的步数。

（14）步度——步速和步幅的总称。

（15）队形宽度——队列两翼之间的横宽。

（16）队形纵深——从第一列到最后一列的纵长。

（17）单步与复步——一步（单脚走一步）为单步，二步（两脚各走一步）为复步。

（18）正面——队列中，学生面向的一面。

（19）后面——列队中，学生背向的一面。[1]

---

[1] 王伯华 . 基本体操（第 1 版）[M]. 杭州：浙江大学出版社，2004:7-33.

第二节　队列练习的内容

一、原地队列练习

（一）队列定位动作练习

1. 集合

集合是在体育教学和训练的开始和结束时常用的队列动作。集合有横队集合和纵队集合。

口令："成某列横队——集合！"或"成某路纵队——集合！"。

动作方法：老师在下达口令之前，应该先做一个手势，比如口令提示"全体注意"，然后站在指定的队伍前面，面对指定的队伍，摆出一个立正的姿势，再发出一个"成某列（路）横（纵）队——集合"的口令。学生一听到口令，立刻停下所有动作，面对老师，站立不动，立正。听到"集合"的命令，学生要快速地跑到老师跟前，在老师前面集合。其余同学，按照第一个同学的顺序依次站好。

教学方法：

①教师边讲解边示范，同时指挥学生做动作。

②反复练习。学生解散后，教师可以结合多种游戏和自由活动等方法进行突发性集训。还可以通过适当的测评、卡表计时与比赛等方式来完成训练。还可以变换指挥位置，发出指令信号。

2. 立正、稍息

（1）立正

口令："立正！"

动作方法：双脚后跟并在一起，脚趾间距离大约 60cm，双腿伸直，腹部微微收缩，胸部自然地挺起，上身笔直，微微前倾。肩膀要平展，微微向后打开。双臂自然下垂，五指靠拢微微弯曲，拇指和食指接触，中指和裤子接触贴裤缝。保持头部笔直，颈部挺直，嘴巴紧闭，下巴微微下垂，双目平视前方。

动作要求：

①挺腿：双膝里合向后挺，使双腿挺直，并向前上手臂。

②挺胸：腰要挺直，向后收腹提气，肩膀稍向后张，胸自然挺出。

③挺颈：头正直向上定，小腹微收，下颚收住，颈部有稍向上挺的感觉。

④两平：双眼要平视，双臂自然下垂，肩部放松要平。

（2）稍息

口令："稍息！"

动作方法：由立正开始，左脚沿着脚尖的方向向前伸，大约 2/3 的长度，然后双脚自然地伸直，上身维持站立状态，重心主要放在右脚上。如果休息的时间太长，可以更换一只脚。

动作要求：

①移：移重心，重心大部分落在右脚。

②提：略微抬起左脚后跟，略微触地。

③伸：前脚掌轻擦地，迅速伸出大约全脚掌的 2/3。

教学方法：

①教师边示范边讲解，讲重点抠细节，同时可调整示范动作速度，准确示范。

②集体练习，并注意纠正动作。

③讲解稍息动作时，左脚前脚掌沿着脚尖方向伸出时，注意不能屈膝。

④稍息换脚时，首先要站直身体，然后换脚，完成动作。

⑤重复操练，体会站立和呼吸的要领。

3. 看齐

（1）向左（右）看齐

口令："向左（右）看——齐！向前——看！"

动作方法：当命令发出时，以基准学生保持静止，其余学生则同时转向左（右），目光落在邻侧学生脸颊上。利用小碎步调整一下自己的位置，让后面的同学们向前对正后再侧向看齐。等听到"向前——看"的口令后，恢复立正姿势。

（2）向中看齐

口令："以某同学为基准，向中看——齐！向前——看！"

动作方法：教师在下达"以某位同学为基准"的指令后，基准者将左手握拳，高过头顶，手臂上举，大臂与肩膀稍平行，拳心朝向右侧。在指令"向中看——齐"发出之后，基准学生将手臂放下来，看齐完毕，在"向前——看"的指令，动作要领同上。

（3）向前看齐

口令："向前看——齐！向前——看！"

动作方法：听到命令，基准学生保持静止，其他学生看向前面同学的脖子，保证目光只能看到自己前面同学的脖子，看不见再前面一个同学的脖子，前后两人之间相隔一臂（75 cm）。

看齐完毕，再发出“向前——看”的指令。

教学方法：

①讲解示范动作。

②在看齐的时候，身体要保持笔直，然后向右（左）转头部。如果发现位置出现偏差，应该马上以小碎步（整齐）来微调。

③教师要让学生重复地练习转动头部的正确动作，并且在接听口令时反应要快速、动作须统一。

④注意纠正错误，老师站在排头右侧 3 ～ 5 步的地方，先让练习者的脚后跟调整至一条直线上。再看胸线。当整个队伍调整好，老师再跑回原来的位置。为使练习者在练习时熟练掌握正确的姿势，可通过重复练习的形式，反复发出“看齐”的指令。

4. 报数

口令：“报数！”

动作方法：听到口令，横队从右至左（纵队由前向后），向左转头依次用短促洪亮的声音报数，最后一名不转头。数列横队时，后列最后一名报“满伍”或“缺 N 名”。

教学方法：

①教师讲解示范。

②重复练习，在报数字的同时完成转头动作。

③注意纠正错误。

5. 踏步、立定

（1）原地踏步

口令：“踏步——走！”

动作方法：听完口令，以左脚为起点，双脚在同一位置上依次抬起落下，脚离地抬起时，脚尖要自然下垂，距离地面大约 15cm；落地时，前脚掌着地，上身挺直，双臂按“齐步摆臂”的姿势自然摆动。

（2）行进间踏步

口令：“踏步！”

动作方法：同原地踏步。听到“前进”的命令后，原地踏步走两步，然后向前走。

（3）立定

口令："立——定！"

动作方法：踏步时，在听到"立定"的指令后，左脚向前跨出一步，脚尖微微朝外，右脚后跟靠上左脚后跟，形成一个标准的站姿。

教学方法：

①教师边讲解边示范，要求练习摆臂，还有双腿依次起落的动作。

②重复练习原地踏步立定，再按踏步—前进—踏步—立定的顺序进行行进训练。

（二）原地转法

1. 向右（左）转

口令："向右（左）——转！"

动作方法：当听到指令的时候，以右（左）脚为轴心，左（右）脚的前脚掌同时发力，使身体向右（左）转 90°，身体重心在右（左）脚上，左脚快速靠拢右脚，保持立正姿势。在旋转和脚部支撑过程中，双腿要挺直，上体直立。

2. 向后转

口令："向后——转！"

动作方法：听完指令，以右脚后跟为轴心，带动右脚后跟、左脚前掌同时发力，带动身体自右侧向后旋转 180°，重心放在右脚，左脚快速与右脚并拢，形成正位。

3. 半面向右（左）转

口令："半向右（左）——转！"

动作方法：听到口令后，按向右（左）转的动作要领身体转 45°。

教学方法：

①分解训练。在进行分解教学时，口令是"向左（右）转 1—2"。当学生听到"1"的指令时，应遵循"左转（右转）"指令的要领，但不要用脚支撑，使其向新的方向移动。老师根据动作要领纠正了错误动作。当学生听到"2"的指令时，学生后腿快速地靠近前腿，并保持立正姿势。

②慢速练习。老师一声令下："慢动作训练，向左（右）转！"学生们齐声大叫"1"，按照"向左（右）转"的要领转到位；当大叫"2"时，同时靠脚，保持立正姿势。

③完整动作练习。把多个不同的旋转方向动作串联在一起，并重复练习动作。

（三）原地队列变换

1. 由一列横队变二列横队及还原

口令：“成二列横队——走！”

动作方法：首先，进行横队“1，2”报数，之后，发出指令。在听到指令之后，单数学生保持不动，双数学生左脚后退一步，右脚经左脚右跨一步，左脚向右脚靠拢，站在单数学生后面，自动看齐成两列横队。

采用斜插的方式，在听到指令之后，单数同学保持不动，双数同学向右后方迈出一步，左脚向右脚靠拢，站在单数同学身后，然后对正，排成两列横队。

2. 二列横队还原成一列横队

口令：“成一列横队——走！”

动作方法：听到口令后，单数学生不动，双数学生左脚向左一步，右脚经左脚向前一步，左脚向右脚靠拢，移动至单数学生左侧，取好间隔看齐，成一列横队。

动作要求：

①变换队形时，上体始终保持立正姿势。

②动作整齐，协调一致。

教学方法：

①教师用小黑板或挂图结合讲解。

②教师通过慢速分解教学训练，让学生跟着节拍喊“1，2”。

③单数和双数学生要交换练习。

3. 由一列横队变三列横队

口令：“成三列横队——走！”

动作方法：在发出指令之前，要按“1，2，3”报数，听到指令后，二号学生保持静止，一号学生左脚向左后移动一步，移动到二号学生右侧，三号学生右脚向右前移动一步，移至二号学生左侧，然后横队自动向二号学生看齐，排成三列横队。

4. 由三列横队变一列横队

口令：“成一列横队——走！”

动作方法：先按“1，2，3”报数，随后下达指令。当听到指令时，二号学生保持不变，一号学生右脚向右前一步，站在二号学生前面，三号学生左脚向左后一步，站在二号学生正后方，然后自动向前对正，成一列横队。

教学方法：

①教师用小黑板或挂图结合讲解。

②教师慢速分解练习。

③在队列转换中，一号学生在二号学生之前，三号学生在二号学生之后。此外，可按照斜插转换法完成，也可按照直角方式完成队形转换。

5. 由二列横队变成三列横队及还原

口令：“成三列横队——走！”“成二列横队——走！”

动作方法：各列按“1，2，3”报数，然后发出指令。听到指令后，一号学生和三号学生不动，前二号学生右脚向右后退一步至一号学生之间，自动对正看齐。还原时，二号学生动作方向与上相反，回到原位自动看齐。

动作要求：整齐，协调一致。

教学方法：

①教师用小黑板图示配合讲解。

②当队形变化时，教师要让学生跟着节奏喊“1，2”，并相互合作来完成。

6. 由一路纵队变成二路纵队及还原

口令：“成二路纵队——走！”“成一路纵队——走！”

动作方法：按“1，2”报数，听到指令后，一号学生不动，二号学生向右跨一步，左脚向前一步，右脚并左脚，自动对正看齐，成二路纵队。还原时，二号学生右脚后退一步，左脚向左跨一步，右脚向左脚靠拢，回到原位，自动对正看齐。

教学方法：

①教师先讲解，再分解练习。

②练习时，要注意单、双数的轮换。

7. 一列横队变二路纵队及还原

口令：“成二路纵队——走！”“成一列横队——走！”

动作方法：所有学生都向右转身，按照一路纵队边二路纵队的方式完成。还原时，所有学生都向左转身，按照二列横队变一列横队的方式完成。

动作要求：整齐，协调一致。

教学方法：

①老师先讲解和演示。

②教师进行缓慢分解教学。

③教师发出指令后，按照“四节拍”来配合学生完成练习。

8. 蹲下、坐下、起立

（1）蹲下

口令："蹲下！"

动作方法：听到指令后，右脚后退半步，臀部坐在右脚跟上，右手扶右膝，左小臂扶在左膝上，肘关节靠近身体。若持续时间较长，可换脚。

（2）坐下

口令："坐下！"

动作方法：当听到指令时，左腿在右腿后面快速交叉盘腿坐下，双手放在膝盖上。当听到"起立"时，立即站起来恢复立正姿势。

二、行进间动作

（一）各种走步及定位

1. 齐步

口令："齐步——走！"

动作方法：左脚向前跨出 75cm 左右，身体重心前移，右脚的动作与左脚一样，上身笔直，微微前倾；双手半握成拳头，手臂自然地前后摆动，在摆动过程中，屈肘手臂自然地向内收拢，手掌大约与第五颗纽扣的高度相同，但不会超出纽扣线位置，与身体保持大约 25cm 的距离，手掌向内略微向下。行走速度为 116 ～ 120 步 /min。

动作要求：走直线，身体稳，摆臂自然。

（1）走直线：正前方移动，脚面朝前，脚面朝里，不是"八字"步。

（2）身体稳：上半身要保持挺直的姿势，眼睛要直视前方，步幅不要过小，不要扭曲，不要摇摆，要保持身体平衡。

（3）摆臂自然：肩膀放松时，双臂自然伸展，并以肩膀为轴心做前后运动；向前挥动时，略微弯曲，手臂略微内收，不要摆小臂。

教学方法：

①教师边讲解边示范。

②摆臂练习。

③完整动作练习。

④步速、步幅练习。

2. 正步

口令："正步——走！"

动作方法：左脚向正前方踢出大约 75cm（腿要绷直，脚尖下压，脚掌与地面平行，与地面相隔大约 25cm），脚掌全部着地，身体重心前移，右脚的动作与左脚相同，上半身笔直，微微前倾，五指半握，当向前摆臂的时候，手肘弯曲，小臂略平，手掌向内掌心稍微向下，手腕摆到第三、四衣扣之间，与身体距离大约 15cm。在后摆的时候，摆到不能正常摆动为止，行走速度为 116 ～ 120 步 /min。

动作要领：

（1）踢：稍提胯，小腿带大腿迅速踢出。

（2）绷：绷紧脚背，按住膝盖，绷紧双腿。

（3）摆：当手臂向前摆动的时候，一边摆动一边折叠手臂（向前，向里，向上快速折叠手臂）；当手臂向后摆的时候，要向下，向外，向正后，直到身体无法自然地摆动；脚着地手臂保持不变，边踢腿边摆臂。

（4）跟：身体前跟，脚适当用力着地。

教学方法：

①原地练习。在“原地摆臂 1”的指令下，所有同学都按正步走摆臂要领，右前左后摆臂，教师注意规范动作。当听到“2”的指令时，学生们按照摆臂要领两只手臂交替摆动，然后教师再逐一纠正摆臂动作。当听见“停”的指令（注意：“停”，右手在前）时，双臂还原至立正姿势。

②脚步练习。

③完整练习。

3. 便步

口令：“便步——走！”

动作方法：以合适的步速和步幅行走，双手自然摆动，上身维持正常姿势。

4. 跑步

口令：“跑步——走！”

动作方法：在听到预令的时候，双手快速握紧拳头，高举在腰间，拳心向内，手肘略微向里，在听到动令之后，上半身微微前倾，双腿微曲，与此同时，左脚借助右脚掌的弹力跳出了大约 80 cm，前脚掌着地后，身体重心前移，右脚的动作与左脚一样；双臂自然摆动，向前摆而不露出肘部，前臂略微平展，微微内收，双拳不得超出衣扣线以上，后摆而不露出手部。行走速度为 180 步 /min。

跑步动作要领可归纳：屈膝前倾（上体），握拳提起；脚掌着地，交替行进；摆臂不露，靠脚放手。

教学方法：

①摆臂练习。听“跑步”指令，双手快速握紧成拳置于腰间，听“1”指令，将手臂的摆动姿势摆正；以“2”为指令，改变摆动的手臂；当听见“停”的指令时，双手放下来，还原立正站姿。

②完整动作练习。

③配合各种队形变化练习。

④步速步幅练习。

5. 立定

口令：“立——定！”（动令落在右脚）

动作方法：听到口令之后，左脚向前大半步，右脚靠向左脚，形成立正姿势。在跑动过程中，在听到口令之后，按照“1，2，3，4”的节奏，听到“1，2”口令再往前跑两步，听到“3”口令左脚向前半步，双手收腰，听到“4”口令右脚靠向左脚，随后双臂垂下成立正姿势。

教学方法：

①教师边讲解边示范。

②分解动作练习。

③完整动作练习。

④结合不同步伐分别练习。

（二）步法变换与移动

1. 步法变换

换步皆由左脚起，动则皆由右脚起。齐步变跑步，听到指令后，双手握拳提于腰间，双臂自然摆动；跑步变齐步，当听到指令时，再跑两步，然后由左脚改为齐步前进。

教学方法：

①教师可以运用多变教学手段、多种教学方法和多样教学形式，在步法行进和交换的教学过程中，提高学生学习兴趣，优化教学效果。

②教师可以运用指令提示“1，2，3，4”引导学生在行进与步法互换的时候喊出来。

③学生分组，在队长的带领下，按照规定的步法，行进一段距离。先由老师带领做示范训练，再由老师分组后组长带领各小组进行训练，最后竞赛评比练习效果。

2. 前、后移动

口令："向前某（单数）步——走！""后退某（单数）步——走！"

动作方法：听到指令，按照齐步走前进的要领，向前某（单数）步，手臂不要摆动，一直走到规定的步数才停下来。在退步的时候，先从左脚开始，然后退一步并脚，再退一步再并脚，不摆臂直至退到规定的步数为止。

3. 左、右移动

口令："向左（右）某步——走！"

动作方法：听到指令，上半身笔直，左脚（或右脚）向侧跨步，每一步的宽度大约为肩膀宽度，达到所需的步数时停止。

（三）行进间转法

1. 向右（左）转走

口令："向右（左）转——走！"（动令落在左脚或右脚上）

动作方法：听到动令后，右（左）脚向前半步（跑步时，继续跑两步，再向前半步），脚尖向右（左）45°，身体向右（左）转 90°，同时出右（左）脚向新的方向行进。

2. 向后转走

口令："向后转——走！"（动令落在右脚上）

动作方法：听到口令后，左脚向前半步，脚尖略向右，以两脚前脚掌为轴，向右转体 180°，出左脚向新的方向行进。转体时，上身要挺直，双腿要伸展，手臂要自然，不要向外伸展，摆臂一致。

动作要求：向左（右）转时，向前半步不能太大，转体时上身笔直，两脚保持静止。转体、迈步，摆臂动作要统一。

教学方法：

①教师边讲解边示范。

②分解动作练习。

③完整动作练习。

3. 跑步向左（右）转走

口令："向左（右）转——走！"（动令落在左脚或右脚上）

动作方法：在听到口令之后，接着跑两步，右（左）脚再向前走半步，脚尖略向左（右），身体向左（右）转 90°（两脚不动），同时出左（右）脚，按照原步法向新方向前进。

4. 跑步向后转走

口令："向后转——走！"（动令落在右脚上）

动作方法：听到口令后，再跑两步，左脚向右脚前跑半步，脚尖略向右后，以两脚的前脚掌为轴，由右向后转体 180°（重心在右脚），出左脚，向新方向走。在转体中，手臂不能向外伸展。

动作要求：在转身过程中，身体要笔直，双脚保持不动。转体，迈步，摆臂动作要协调。

教学方法：

①教师边讲边做，慢速演示。

②分解练习。第一种方式是在听到一个"走"的指令后，立即喊出"1，2"，然后跑两步，在听到"3"的指令时，从左边（右）脚开始往右边（左）脚的方向移动，然后从左边（右）脚的方向移动到右边（左）脚的方向。当听到"4"的指令后，以前脚掌为中心，身体向右（左）转 90°，右（左）脚出，然后按原来的步伐，向新方向移动。第二种方式，跑步向后转走可以分五个动作来完成。听到"5"的指令后，出左脚，再以原来的步法继续行进。

③完整动作练习。

5. 纵队方向变换：左（右）转弯走和左（右）后转弯走

口令："左（右）转弯——走！""左（右）后转弯——走！"

动作方法：基准学生在听到指令后，一边走一边改变方向，向左（右）转 90°（或转向 180°）之后保持直线行进；其他同学依次走到基准同学转角处，按照新的方向继续行进。

动作要求：一是变换方向要正，行进时保持规定的距离，其余学生应确实行进到基准学生的转角处，自然摆臂转向新方向，不要走捷径、转弯过大或转弯过小。二是多路纵队转弯时，外翼至轴翼学生步幅依次减小，小到要标齐并保持规定的间隔、距离。[1]

教学方法：

①标记物定位练习，放置转弯处提示训练。

②顺序练习，按照"左（右）转弯走"和"左（右）后转弯走"的顺序，做完

[1] 王玉会，李建中.学校健美操与艺术体操创编及教学训练指导手册（第1版）[M].北京：中国教育出版社，2004:57.

一次就回到原位的动作继续练习。

6. 横队方向变换：左（右）转弯——走

口令："左（右）转弯——走！"

动作方法：听到动令后，轴翼学生逐渐向左（右）转动，并与外翼学生动作相协调，其余学生以轴翼学生为准，内翼用小步，外翼用大步，成"关门式"转到90°后踏步，然后听口令，立定或前进。❶

动作要求：在转身的时候，不要把头转过来，要用余光看排面。两只手臂保持间距自然摆动。

教学方法：

①教师边讲解边用手势做示范。

②配合练习，如有需要，可让学生双手扶住同伴的腰背。

③反复练习，按"右转弯走""前进""向后转走""左转弯走"成直角行进路线反复练习。

（四）行进间队列变化

1. 行进间一列横队变二列横队

口令："成一列横队——走！"（动令落在左脚上）

动作方法：当指令发出时，单数学生继续行进，双数学生原地踏步两次，第三次斜插至单数学生正后方，并队继续行进。

2. 行进间二列横队变一列横队

口令："成二列横队——走！"（动令落在左脚上）

动作方法：在听到指令后，全体学生右脚往前走一步，单数学生在原地走两步，双数学生则左脚向左走一步，右脚经左脚往前走一步，移动至单数学生左侧平齐，然后继续行进。

教学方法：

①教师首先讲解，然后做示范，可以在原地踏步的基础上进行练习。当学生们听到"成二列横队——走！"的时候，单数学生先向前走两步，然后原地踏步。双数学生先原地踏步两次，第三拍时，右脚向右跨一步行进到单数学生后面，再原地踏步。做完这个动作，老师发出"立——定"指令。由二列横队变成一列横队时，

---

❶ 王玉会，李建申.学校健美操与艺术体操创编及教学训练指导手册（第1版）[M].北京：中国教育出版社，2004:58.

也可用踏步法过渡。

②在练习过程中，教师或学生用结合喊数完成动作。

③教师的动令落点必须准确。

3. 一路纵队变成二路纵队

口令："成二路纵队——走！"（动令落在右脚上）

动作方法：一路纵队变成二路纵队时，可以按照下列方法训练：第一，听到指令后，单数同学用小步子向前走；双数学生迈右脚，取近路走到单数学生右边，在走的过程中，要调整好自己的间距，再回到原来的步法。第二，起动时按左脚，当指令发出时，单数同学原地踏步两次，双数同学向右前斜插或是以直角的方式走一步，到单数同学的右侧平齐，然后继续行进。

4. 二路纵队变成一路纵队

口令："成一路纵队——走！"（动令落在右脚上）

动作方法：二路纵队变成一路纵队时，可按以下两种方法练习：一种是听到指令后，左路同学继续前行，逐渐将前后距离拉开；右路同学以缓慢的步法前进，当左路同学拉开的距离空间够融入右路同学时，双数同学斜插至单数同学正后方，继续在行进中调整距离。另一种是纵队前进时，前面和后面保持间隔两步。听到指令（动令落在左脚）后，单数同学继续行进，双数同学原地踏步一次，第二步左脚向左前斜插至单数同学身后，排成一列，继续向前行进。

教学方法：

①教师先讲解示范。

②完整动作反复练习。

第三节　队形练习的内容

队形练习指的是以队列练习为基础展开的图形行进和队形变换。队形练习是基于体操教学的需求，在体操教学实践中产生的，因为队形练习内容丰富、形式多样，可以使学生的学习兴趣得到更大提升，可以使他们更好地集中精力，激发他们的精神，提升他们的集体意识，让他们达到锻炼身体、完成任务的目标。[1]教师将队列训练应用于体育教学中，进行预备活动的训练，并对教学内容进行讲解、演示和组织。

---

[1] 韦广忠，郑湘平. 基本体操理论教学与实践［M］. 1版. 武汉：湖北大学出版社，2006:30-31.

在实际训练中，要按照教材的内容、教学任务、教学组织及课堂情况进行组织变换。

一、图形练习

（一）直线行进

1. 绕场行进

口令：“绕场行进——走！”

动作方法：学生们沿着老师指定的路线绕边线行进，每至一个角落，排头带领转弯，其后跟随。如图 1-2-1 所示。

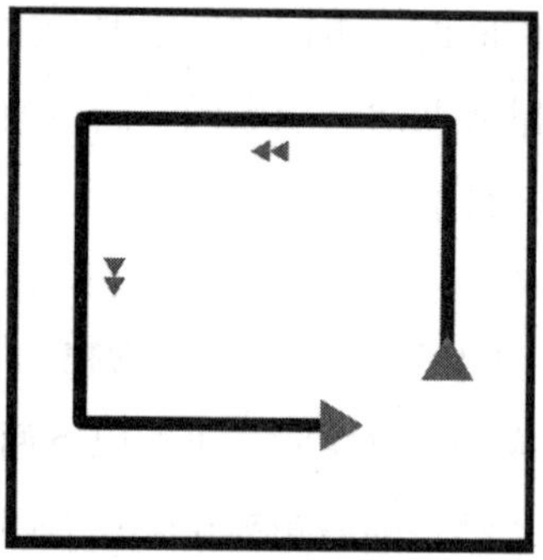

图1-2-1　绕场行进

2. 错肩行进

（1）从左（右）边走。

口令：“从左（右）边——走！”

动作方法：当两支队伍相遇时，队伍分别向左（右）边移动，边行进边错右（左）肩，两个纵队间隔为一步。如图 1-2-2、图 1-2-3 所示。

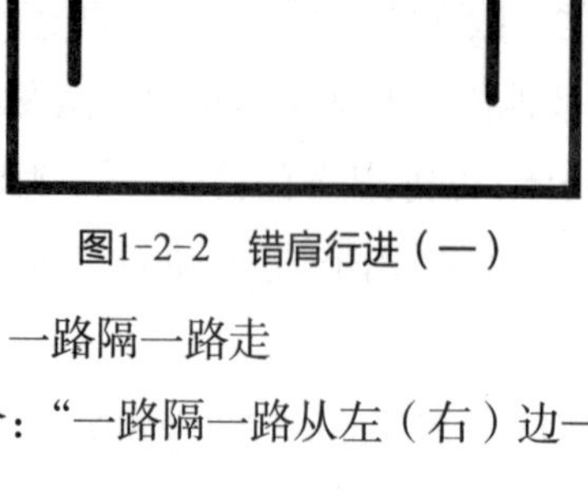

图1-2-2　错肩行进（一）

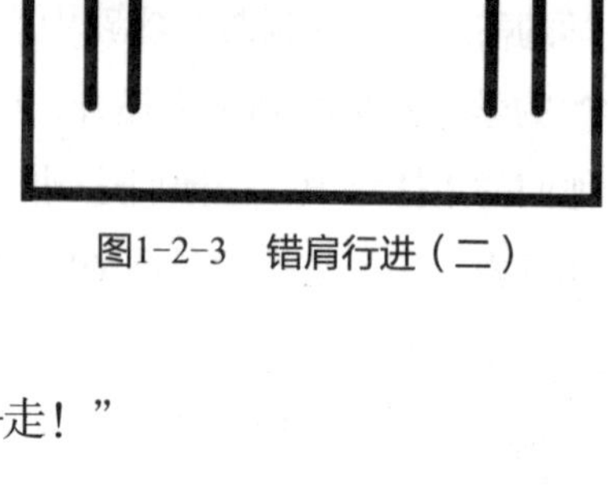

图1-2-3　错肩行进（二）

（2）一路隔一路走

口令：“一路隔一路从左（右）边——走！”

动作方法：听到口令后，各路纵队一队隔一队，各路参差隔开从左（右）边通过。如图 1-2-4 所示。

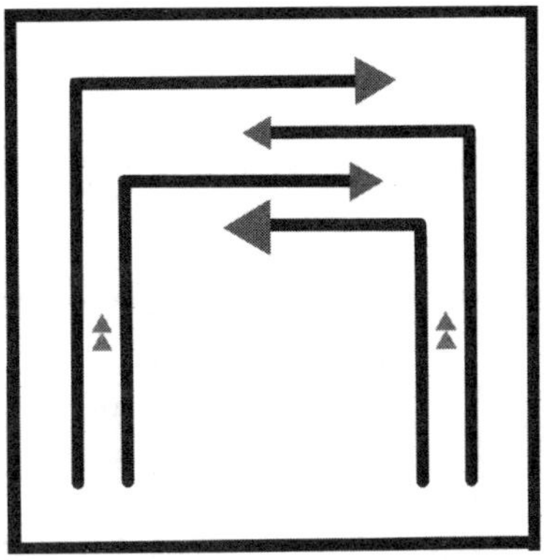

图1-2-4 一路隔一路走

（3）从里边（外）走

口令："从里（外）边——走！"

动作方法：练习前教师要事先确定基准学生。当两列纵队迎面会合在一起时，基准学生在指令下向内（外）侧前进。如图 1-2-5 所示。

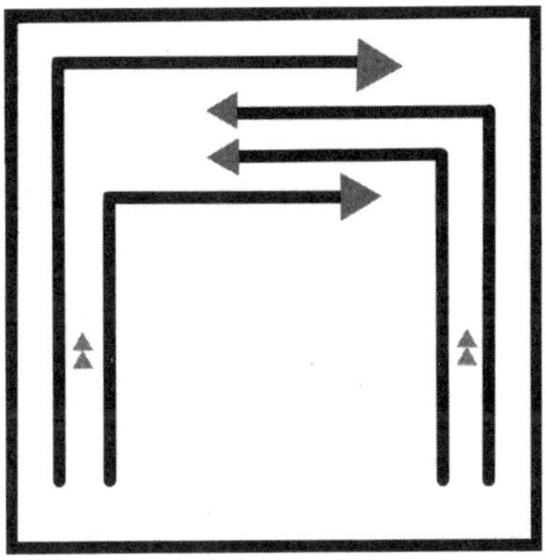

图1-2-5 从里边（外）走

教学方法：

①错肩行进时，注意错肩的顺序［往左（右）错右（左）肩］。

②练习时队形要多样化。

③注意提前下达口令。

（二）斜线行进

1. 对角线行进

口令："沿对角线——走！"

动作方法：听到指令后，队首向左（右）转 135°，向对角线前进。如图 1-2-6 所示。

2. 交叉行进

口令：“交叉——走！”

动作方法：听到口令后，两路纵队斜向相遇，依次交叉穿过中点向不同方向行进。如图 1-2-7 所示。

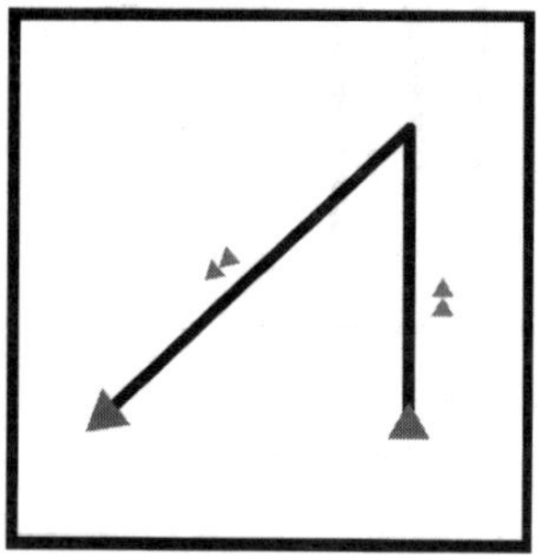

图1-2-6　对角线行进

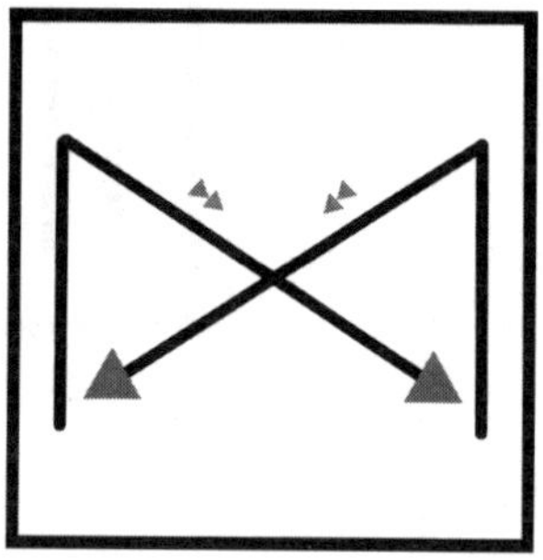

图1-2-7　交叉行进

（三）曲线行进

1. 蛇形行进

口令：“成蛇形——走！”

动作方法：听到口令后，队伍向左（右）转。后面的同学，在队伍的第一个拐角处，按照顺序向左（右）后转，然后继续向前行进。当队伍的排头至边线的时候，向右（左）转继续前进。如上所述，绕两圈以上，就会形成蛇形行走。如图 1-2-8 所示。

图1-2-8　蛇形行进

教学方法：

①教师带着学生走，让学生在教师口令指挥下练习。

②设标志物的练习。

2. 圆形行进

口令："成圆形——走！"

动作方法：听到指令后，排头沿着一条弧线，以中点至场中心点之间的距离为半径，行进成一个圆圈。

3. 螺旋行进

口令："成开（闭）口螺旋形——走！"

动作方法：由排头带领队伍的内缘做螺旋形行进，进入场地中心，排头自行向右后转向相反的方向，由内向外成螺旋形走出来，其他学生依次出场地中心，跟随排头走出来。

成闭口螺旋形走，当排头旋绕至场地中心时，教师应发"立定和向后转"的口令，全体向后转，由原排尾带领按指示的方向继续前进[1]。如图 1-2-9 所示。

图1-2-9　螺旋行进

教学方法：

①通过挂图讲解后，教师先带学生练习。

②在"螺旋式"运动教学中，螺旋式尺寸要根据学生的数量来确定，通常不少于 3 圈。

③跑步练习，在动作变得娴熟之后，跑步行进。

④当螺旋式行进逆向绕出时，教师要依据排头的行进状况，适时发出"照直前进""绕场行进"的指令。

4．"8"字行进

口令："成"8"字形——走！"

[1] 张涵劲 . 体操［M］. 3 版 . 北京：高等教育出版社，2015：49-51.

动作方法：在做动作之前，要在场地中央标出行至的地方，沿着“8”字形的圆弧，绕着两个连在一起的圆圈。当排头穿过球场中心时，依次交叉通过。如图 1-2-10 所示。

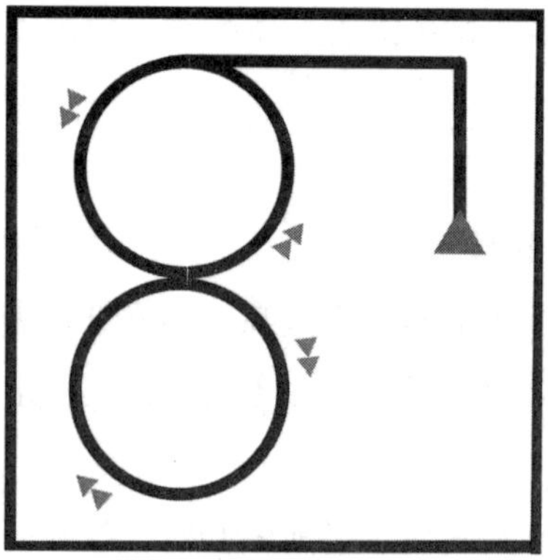

图1-2-10　“8”字行进

教学方法：

①在场地上画出“8”字形，在教师带领下练习。

②学生自己在口令指挥下练习。

二、队形变化

（一）分队走和合队走

口令：“分队——走！”和“合队——走！”。

动作方法：当队伍开始前进的时候，单数学生向左转，双数学生向右转。其他学生紧随其后，在两个纵队即将相遇的时候，教师下达“合队——走”的指令，左路学生向左，右路学生向右，右路学生依次插在左路学生后面，合成一路纵队向前行进。如图 1-2-11 所示。

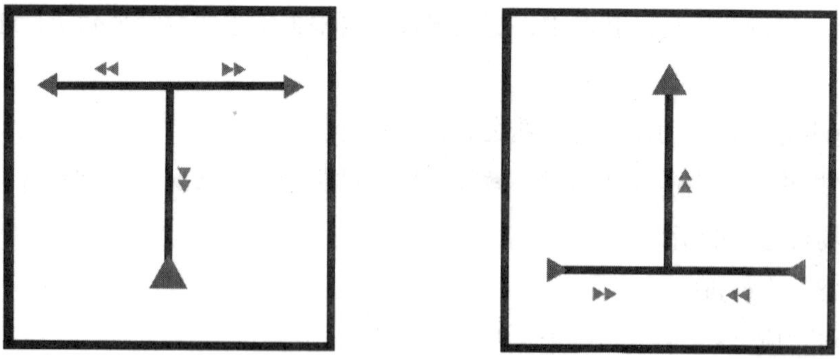

图1-2-11　分队走和合队走

（二）裂队走和并队走

口令："裂队——走！"和"并队——走！"。

动作方法：听到"裂队"指令后，左边学生向左转，右边学生向右转。成两路，并肩而行。当两个纵队即将相遇的时候，听到"并队走"的指令，左边学生向左转，右边学生向右转，排成一排向前进。如图 1-2-12 所示。

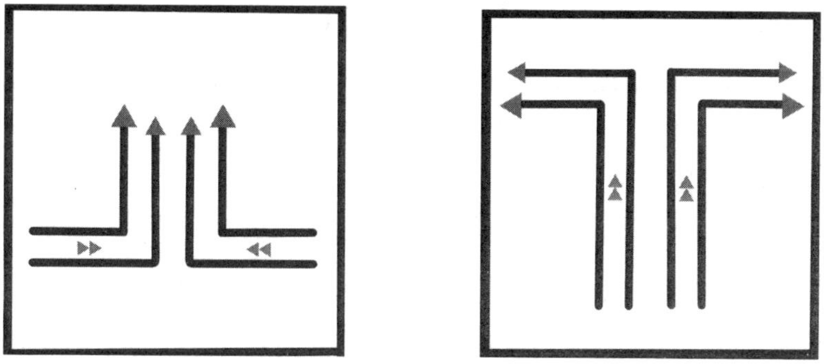

图1-2-12 裂队走和并队走

教学方法：

①在开始教学时，教师先用挂图讲解再练习。

②进行分队、裂队、并队、合队练习时，教师的指挥位置要固定。

③在练习时，排头学生尤其重要。一般来说，第一个动作做好了，后面的学生也就不会做错。

④行进时，每一支队伍的队形都要保持一致。队伍分队前进的时候，前面的学生要放慢速度。队伍合队行进的时候，应加快速度。

⑤将分队、合队、裂队、并队分解练习，掌握成熟后再综合练习。

（三）行进间由一路纵队变成多路纵队及还原

口令："成某路纵队左转弯——走！""成一路纵队右转弯——走！"

动作方法：听到口令后，前面的 N 个学生向左拐，后边的学生也以同样的方式向左拐，依次行进。当听到口令"成一路纵队右转弯走"时，各路排头学生向左转走，后面学生在同样地方转弯，依次跟随前进。如图 1-2-13 所示。

教学方法：为了使基准不变换和队形还原时，能够保持原来的队形，教师在使用变换口令的时候要特别注意：假如一开始用"向左成四路纵队"口令，在还原成一个纵队时，必须用"向右成一路纵队"口令，这样才能将队形还原。[1]

[1] 王伯华 . 基本体操［M］. 杭州：浙江大学出版社，2004:1-5.

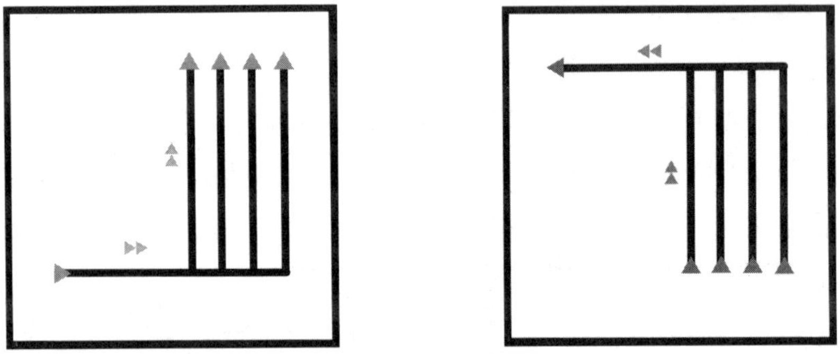

图1-2-13　行进间由一路纵队变成多路纵队及还原

（四）散开与靠拢

散开与靠拢是通过不同的步法与动作来完成的一系列的疏散与密集。散开是指增加队列之间的间隔距离，使密集队列变为分散队列。靠拢是指减小队列间的间距，将分散队形变为密集队形[1]。它主要运用于体育教学中的预备活动和一些项目内容的组织和教学。在进行准备运动的时候，要按照队伍所处的场地位置来指定一个参照学生，根据其练习动作和持轻器械等需要，确定散开的间隔距离。简言之，就是要保证学生在运动中完成练习安全和舒适。学生在散开或靠拢时，动作要精准、快速、同步，以此保持良好的队形。

1. *以右（左）翼为基准散开与靠拢*

口令（散开）：“以右（左）翼为基准，间隔距离（×步或×臂）——散开！”

动作要领：以四列横队，右翼为基准为例，向中看——齐或向右（左）看——齐。听到口令后，基准学生不动，左臂侧举，后面各列排头左臂侧举、右臂前举；其余学生两臂侧举，迅速散开到达指定位置，对正看齐。听到“臂放下”口令后，全体学生将臂放下成立正姿势。[2]

口令（靠拢）：“以右（左）翼为基准靠拢！”

动作要领：听到口令后，参照学生保持静止，其他学生立刻向参照学生靠近，然后站成一排。

教学方法：在教学过程中，为了使教学更合理，可以边进行边分散，也可以只进行间隔或距离的靠拢，或者某两列往左边移动，而另两列往右边移动。总之，散开与靠拢的步法选择，可以根据学生的层次与教学要求来选择。如果在口令中没有

[1] 韦广忠，郑湘平 . 基本体操理论教学与实践（第 1 版）[M]. 武汉：湖北大学出版社，2006:198.

[2] 王金稳，曾黎 . 体育教师职业技能训练 [M]. 成都：西南交通大学出版社，2016:162.

指定的步法，学生可以使用便步散开与靠拢。

2. 横队变梯形散开与靠拢（以一列变三列为例）

口令："成三列梯形横队——走！"和"成一列横队——走！"

动作要领：变换前，先1、3、5报数、听到"成三列梯形横队——走！"的口令后，各自按所报的数字向前走 × 步（即报几的走几步），成三列梯形横队。

听到"成一列横队——走！"的口令后，先向后转，再按各自所报的数字向前走 × 步，回到原位，然后同时向后转，成一列横队，自行看齐。[1]

3. 弧形散开和靠拢（以四路纵队为例）

口令："间隔两步弧形——散开！"和"向中弧形——靠拢！"

动作要领：1，4 路不动，2，3 路前 6 拍分别沿弧线经前绕过邻近学生走至规定的距离，7，8 拍向后转。靠拢时，原 2，3 路学生按原路线走回原初，再向后转，同样用 8 拍完成。[2]

4. 依次散开和靠拢（以 100 人方阵为例）

口令："向前向左，成体操队形——散开！"和"向后向右——靠拢！"

动作要领：听到"散开"口令后，从第 10 列（前列）开始用齐步或正步前进。每列起动依次相差两步，各列走的步数为列次的 2 倍减 1（如第 10 列即 10×2−1=19）。当所有人都走出一段距离后，站在原地不动，然后所有人都向左拐，然后排成一排，重新开始。步数是每个人报的顺序的 2 倍减 1。走完之后，站立不动，所有人都向右转身，形成一个散开的队列。在发出"靠拢"口令之后，所有人都向右转，按照散开时的方式和步数，向前靠拢，再向右转，向前形成密集队形，之后，所有人都向后转，恢复到原来的队形。[3]

第四节　口哨与手势的功能及运用

一、口哨的作用与功能

（一）口哨的作用

体育课堂教学一般是在室外操场开展，操场环境空旷，学生比较松散，干扰因

[1] 韦广忠，郑湘平 . 基本体操理论教学与实践（第 1 版）[M]. 武汉 : 湖北大学出版社，2006:198.

[2] 蔺新茂 . 体操 [M]. 重庆 : 重庆大学出版社，2017:56-87.

[3] 李盛，乔婉 . 体操 [M]. 北京：军事谊文出版社，2006:65.

素较多，所以仅凭个人的音量效果欠佳。往往是老师喊得精疲力竭，学生没有什么反应或者根本听不清，怎么办呢？只要善于使用辅助教具，口哨就能发挥其重要作用。

1. 提醒作用

由于体育教学活动或体育课程多数是在室外进行的，学生的注意力在外界环境下容易受到干扰，尤其是在进行一些激烈性的活动项目练习时，学生的安全问题尤其重要。教师应时刻监控整个场地，特别是在空旷的室外环境下，声音的传递受到诸多因素的影响，合理运用口哨发出信号，是增强教学效果的重要手段。

2. 指令作用

在整个教学过程中，哨音可以传达，集合队伍、开始练习、暂停练习、终止训练、改变方向等有效指令，完成队形的调度，通过哨音传递口令信息，起到指挥作用，有助于教学活动的组织和有序开展。

3. 保护作用

体育课的教学环境多处于室外操场或是空旷嘈杂的体育场馆，常规教学班级人数在五十到六十不等，场地环境的影响会阻碍声音的传递，导致体育教师需要提高音量，这对于声带有一定的损伤，而且容易患上甲状腺结节等职业病。根据季节的变化，夏季炎热，嗓子发干，冬季严寒，刺激喉咙，在这样的教学环境中，教师合理地运用口哨发出特定指令，对于咽喉可以起到保护作用。

4. 辅助作用

学生作为课堂的主体，教师作为课堂的把控者、引导者和组织者，在体育课堂中，如果仅讲解，课堂气氛单调沉闷，教学手段过于单一，但是运用哨音，可以适当地刺激学生的听觉系统，增强大脑皮层的活跃程度。

（二）哨声的种类

在体育活动或体育课程中，老师要持续调整各类队列队形的变换、集合和解散、练习等内容。在这些活动中，特定的口令和信号都是通过哨声来引导执行，让同学们知道不同的哨声所代表的具体意思，在听到老师的哨声时，就能理解老师的指令，这样尽可能地节省课堂组织调动的时间，实现精讲多练、完成课堂教学效果的目标。在实际操作中，每个人都有自己的特色。

1. 集合哨

集合哨是指“嘟、嘟”两声长哨，声音洪亮，连绵不绝，后一声比前一声更长，通常在课程开始前或在训练时使用。

2. 发令哨

发令哨是指“嘟”一声短哨，洪亮，简短，有力，通常用来作为游戏或者比赛开始的指令。

3. 危险提醒哨

危险提醒哨是指“嘟、嘟、嘟”三声以上短哨，短促有力，经常在遇到危险的时候，发出警告，或者让学生马上停下的指令。

4. 口令哨

口令哨是指“嘟——嘟——嘟——嘟”每声响亮而短促的口哨，两个声音的间隔时间应视内容的不同而不同，多用于学生在热身操、跑步和练习活动中作为指令使用，让嗓音可以休息。

5. 特殊哨

特殊哨是指特定情况下使用的口哨，就是要把口哨的功能发挥到最大，在课堂组织过程中多采用口哨。口哨是体育教师手中的一把利器，若使用得当，能起到积极作用，若使用不当，又会起到消极作用。所以教师应充分发挥口哨的作用。

二、手势的作用与功能

手势以多种多样的指向形态，来描述事物的复杂形态，传达出人们内心的真实想法，表现出内心深处的细微情绪。与眼神语言相比，手势是一种直接且简洁明了的指令方式。

（一）表达思想情感

适当的手势指向，能使老师在讲解过程中更有激情地强调主要问题和矛盾点。当老师讲到重点或者学生出现“开小差”现象时，老师就会伸出一根手指，再加上一些文字暗示，这样就能让学生专心聆听，认真思索老师所讲的内容；当学生重复错误动作时，教师手指指向错误点，学生就能意识到；如果有学生气馁，教师拍拍学生的后背，学生就能感受到教师的鼓励，好像在说：“加油，你能行！”

（二）提示引导作用

在体育课中，由于操场面积大、人数多、组织形式复杂，手势可以被作为语言指示的一种补充，起到引导学生动作的作用。体育中有许多规则和约定俗成的手势，在实际教学过程中，教师也可以使用一些学生能够理解的指导手势。如果要学生们交换位置，教师可以在胸前绕圆；要求学生向前行进，教师可以将掌心向自己，屈手掌以示前进；要求学生展开讲解讨论，可以双手上托，以示开口交流；要求学生停止讨论，可以一手掌盖在一食指上，等等。

（三）展示技术动作

当手势被应用在技术动作教学中时，教师通过抽象的讲解很难将技术要领清晰地表达出来，此时可以借助手势来模拟该技术中的难点和细节，让学生对速度较快的动作示范和讲解不清楚的环节获得较清楚的表象和概念。比如，表现立定跳远落地过程中小腿前伸，可以双手体前小臂向下折叠，小臂前伸，双掌落地，以示小腿和双脚的技术，这样就会更加直观、形象、清晰。

第五节　队列队形的教学

队形训练是基本体操课程的一项重要内容，在军队、体育课及实践活动中具有十分重要的作用。它可以培养学生良好的身体姿态，促进身体素质均衡发展，还可以增强组织纪律性和集体合作精神。与此同时，在体育教学中，教师合理地运用队列队形练习，对教学任务的完成和教学品质的改善也有帮助。

一、队列队形的教学原则

（一）启发引导原则

队列队形练习形式较为单一，要做到整齐划一，需要经过大量的重复性训练，其训练本身比较枯燥乏味。首先，教师需要对学生的思想意识形态做出良好的引导，预先培养其正向情绪，制订要达成的基本目标。其次，教师讲解示范相结合，精简语言突出重点，在练习中强调动作要点，加以口令提示，保证练习数量。最后，教师以自身准确示范动作引导，激发学生的学习兴趣，要求学生模仿练习使其动作准确。除此之外，教师的口号、用语、出色的指挥技能也是实现训练效果的一个重要手段。

（二）教学相长原则

教师既是教学的组织者，也是参与者，在队列队形训练中，教师不应只是指挥员，还应融入队伍成为练习者。教师应走进学生训练队伍，积极与学生沟通交流，感受练习的难点，及时调整教学方法和练习内容。同时，激发学生的主观能动性，培养学生的组织领导能力，让学生尝试角色转变，体会不一样的观察视角，对于纪律性欠佳的学生可采用指挥引导的方式，切勿严厉批评，要使其担起实际指挥责任，让其感受理解体会。这既提升了教师的教学能力，也能让学生充分感受到学习的乐趣，营造出良好的教学氛围，以此达到教学目的和效果。

（三）循序鼓励原则

激励奖惩机制的运用在教学过程中尤为重要，但如何运用，何时运用?

首先，建立良好的心态基础，不要让学生产生畏难情绪，积极正向地展示正确动作示范，对于复杂部分可尝试拆分练习，并不断运用语言积极暗示。其次，应不断鼓励，避免直接严厉的指责，要调动学生的学习兴趣，培养其自信心。最后，在小组展示评价部分，应采用“较好，不错，很棒，漂亮，优秀”等积极字眼给予正向评价，对于完成度欠佳的团队在给予评价时可以采用“这样做会更好，队伍整齐度会更高！”等评价措辞。在循序渐进的过程中，激励学生，鼓舞人心，树立自信，这样能对训练效果产生积极影响。

二、队列队形的教学方法

（一）情景模式导入

队列队形训练的内容包括：停止间转发、原地转向、行进间的齐跑步互换等。在动作的一致性、节奏的统一性和行进的整齐性上，都需要通过量的积累才能实现质变的飞跃。但长此以往的重复性练习，会让学生产生疲惫感，特别是精神上的厌烦尤其重要，情绪也会因此受到干扰，容易产生消极训练态度，从而停止练习。在此情况下，教师应引导学生进入特定的教学环境，以此激发学生的兴趣，营造训练氛围。

1. 特定情景带入法

运用道具布置特定的情景采用语言引导，将学生带入情景后再进行训练教学，利用学生的好奇探索心理，激发他们的训练积极性。

例如，在训练行进间的齐跑步互换时，教师可以将训练场所布置成障碍赛道，设置长度不一的障碍点，在行进中每经过一个赛道都要互换一次，以此锻炼学生的反应能力。

2. 小组比赛法

体育运动的竞技精神在教学过程中主要以竞赛的形式体现，首先，在学情分析环节，低年级同学普遍竞争意识较为强烈，但团队竞赛的协作能力较差。所以教师应根据不同年龄层次的学生选择适合的游戏方式，以此来检验教学效果。特别是对于低年级阶段，更强调纪律问题，树立规矩意识，规范组织队伍，培养团队精神。

例如，在“集合－解散”练习中，教师将班级人员均分成几个小组，每小组6～8个学生，先分散式站立，在听到结合指令时，看谁的队伍更快、更整齐，再看哪个学生的精神面貌最好，站位正确，再听哪个小组的口令最响亮，以此来评选最优秀队伍。

3. 队列队形训练游戏法

体育游戏是最能调动学生积极性的一种教学手段，常用于热身部分、练习巩固训练、活跃课堂氛围及放松拉伸等环节。

在反口令的训练中，老师只需在口令之前，加一句“全体注意”，学生就会立刻做出与口令相反的动作，比如，“大家注意，向左转！”同学们要往右转，发出“稍息”，学生就要做出“立正”的姿势。这是一种很好的激发学习兴趣的游戏，特别是在下午第一节课时间，午休刚结束，精神状态欠佳，可以选择“反口令”游戏，调动学生情绪。

（二）多种指令引导

1. 形象生动的动作口诀

在枯燥无味的重复训练中，教师运用诙谐的语言提示，可以很好地缓解学生身体和精神上的疲劳。将刻板生硬的动作要领术语，归纳总结成形象生动的动作口诀，并要求学生边念边练，这样不仅可以加深动作印象，缓解练习疲劳，还可以使学生投入练习，加快训练节奏。

2. 幽默诙谐的身体语言

在所有课程中，体育教师使用身体语言的频率最高。为了让学生更好地掌握某一技术，老师要有演示。而在队列队形教学中，老师的演示也起着举足轻重的作用。老师要以饱满的精神风貌，熟练准确的技术动作，响亮清晰的口令来展示技术动作。体育老师在运动中通过身体语言所传递的动作信息，有时候比文字更清晰，学生们不但可以看到精确的运动技术，还可以感觉到身体姿势之美。

三、队列队形的口令指挥

口令与指挥的能力直接关系到队列队形的教学效果，同时它也是队列队形训练的重要部分。因此，在教学过程中，教师需要对其进行反复训练。

（一）口令的种类

根据发出方式的不同，口令可分为短促、连续、断续和复合口令四种[1]。

1. 短促口令

它的特征是声音短而有力。只有动令，没有预令，预、动令融为一体，中间不拖音，不停顿。通常按字数音节平均分配，有时最后一个字也稍长。例如“立

[1] 周建新．体育学科教学法［M］. 北京：人民体育出版社，2016:139-151.

正！”“报数！”“稍息！”等。当队列人数较多时，有些短促口令的最后一个字音可稍拉长，如“立正——”。[1]

2. 连续口令

连续口令的特征是预令与动令之间的拖音相连，预令拖音稍长，动令短而有力。例如“向右看——齐！”“向右——转！”等。

3. 断续口令

断续口令也是由预令和动令组成。它的特点是：预令和动令之间有停顿，预先命令，不拖泥带水，指令干净利落。比如“第几位，站出来”“第一排，蹲下”。

4. 复合口令

复合口令兼有连续口令和断续口令的特点。它的预令由前后两个部分组成。预令的前部分不拖音，有断续口令特点，例如“左后转弯，齐步——走”口令中，“左后转弯”四个字不拖音。预令的后部分一般都带有拖音，并与动令相连，有连续口令的特点。例如“齐步——走”等。

（二）口令的要求

队形的指令不仅要精确、清晰、响亮、果断，而且要注意每一个指令的速度，声调的高低。教师发出口令时，声音大小要视情况而定，当在户外操练或人多时，声音要大些；当在场馆里或者人少时，可以把声音降低一些，但都应该符合精确、清晰、响亮、果断的要求。[2]

1. 注意发音部位

胸音，一般多用在下达发短促口令；腹音，一般用在下达带拖音的口令，需要小腹向上提气；喉底音，一般用于近距离简单交流的过程中，不用于下发口令。下达口令时，要使发音器官产生共鸣，要避免只发出喉底音。

2. 预令要清晰、精确、响亮

口令必须清晰、精确、响亮，让所有同学都能听见，而且要有号召力。预令的主要目的是使学生听清楚动作的内容，充分了解教师的意图，做好完成动作的准备。如“齐步——走”的口令，当教师发出“齐步”的预令时，学生都能清楚地知道动作的内容，并做好准备。有预、动令的动作，预令应该稍长，使学生有一个动作前的准备。

---

[1] 封官声. 基本体操［M］. 武汉：华中师范大学出版社，1997:2-5.

[2] 韦广忠，郑湘平. 基本体操理论教学与实践（第1版）［M］. 武汉：湖北大学出版社，2006:32-33.

3. 动令要短促、响亮、果断

动令是动作开始的命令。动令下达后，必须按要求开始做动作。

从预令到动令的间隔时间，应视情况而定。一般来说，人多的话，间隔的时间要更长。行进过程中，动令的落点必须精确，这也是队形指令的难点。教师要区别对待，从不同的角度去总结它的规律性。例如，在齐步、正步、踏步时，采用“左起右落”的方法，也就是预令在左脚，动令在右脚；在跑步时，应采用“右起右落”的方法，也就是先发出预令，然后右脚先出一步，左脚再接着落地，再当右脚落地时发出动令。

4. 音量的控制

口令不能平均分配音量，一般预令稍长，起音稍低，动令短促有力，声音由低到高。例如，在“立正”中，“正”字音量要高一些。“向左看——齐”的“齐”字音量高。在发出口令时，应注意预令和动令的间隔时间要有明确的节拍，这样口令才更有气势，更有感染力。

5. 强调方向和数字

在下达口令时，为了使学生清楚地了解教师的意图，精确地完成一个动作，要把代表动作性质的方向、数字等字眼的音量提高。例如，“跑步——走”的“跑”字，“向右——转”的“右”字，“向前一步——走”的“一”字，等等。

6. 突出行进间的动作

在行进过程中，正确地发出行进间队列队形的口令十分重要。除向左转走，一列横队变成二列横队和分列式时的齐、正步互换动作的动令落在左脚外，其余动作的动令都落在右脚。行进间队列队形动作动令的下达，要把握好时机。以动令落在右脚为例，一般在右脚准备着地时，动令就要起音，右脚一着地，动令就结束，如果等右脚着地后再下动令，就会因动令下得过迟而影响动作节奏。[1]

（三）口令的训练方法

从实践中可以发现，学生在口令表达方面存在不足。其不足之处在于：音量不足、动作指示不明确、节奏感不强、精确度不高等。所以，教师应从教学的初始阶段，加强口令的教学训练。具体方法如下：

（1）模仿训练。在刚开始训练时，可以在基本掌握了动作要领之后，由老师发出口令，然后由同学们重复口令，再进行练习。以模拟老师的口令，训练学生模仿

---

[1] 王伯华 . 基本体操 [M]. 杭州：浙江大学出版社，2004:1-5.

口令能力为主。

（2）单人训练。一边喊命令，一边做动作。这样不仅可以练习口令，而且可以重温动作要领。

（3）双人训练。一人发出指令，另一人按指令训练。

（4）多人训练。在两个人的基础上，可以是三个人的练习，也可以是集体的练习，还可以是整个班级的练习。主要以团队训练为主。

总之，要经常且反复地进行训练，不但要做到口令准确，指挥站位恰当，快速地进行调配，还要做到声音响亮，充满力量，富有节奏感，使学生们的士气得到提升。

四、队列队形的指挥位置

（一）讲解示范的站位

在队列队形训练过程中，教师在讲解和示范的时候，应该选择适当的位置，遵循以下几个原则：

（1）让所有学生都能看到自己的动作。

（2）让所有学生能够清晰地听到讲解的内容。

队列队形的讲解和示范的位置，要视学生的数量而定，以 20 人左右的两列横队为例，老师讲解和示范的位置最好在两列横队中间。间隔的距离通常在 5 步左右。

人数较多，四列横队以上的队伍，讲解与示范最好在高处进行，这样才能让学生们看得到示范，听得清讲解。对于人数较多的纵队，也应在高处进行讲解和演示，以达到更好的教学效果。

（二）指挥员的站位

在进行队形操练时，老师要站在适当的位置加以指导，应遵循以下几个原则：

（1）便于看到全体学生。

（2）便于指挥，体现效果。

当教师需要更换一个指挥位置时，跑步变动。当距离很短的时候，则可以使用齐步。到了规定的位置，先要立正站好，再发出指令。

教师在指挥时，应注意以下几点：

（1）正确的指导位置。

（2）身姿挺拔，动作精确。

（3）口令正确、清晰、响亮。

（4）穿戴整齐，符合要求。

1. 横队的指挥站位

（1）横队原地动作指挥位置

以二列横队为例，老师要站在队伍的正前方，与第一列横队的首尾成一个等腰三角形。

（2）横队行进间动作的指挥位置

指导老师应该站在队列的最前面或者最左边，如果在场馆内部或者固定的训练场上，老师的指导位置通常是不变的。

2. 纵队的指挥站位

（1）纵队原地动作的指挥站位

排成一路或多路队列，老师应该站在队列前面 5 步的位置或队列的左边。如有多个班级，老师应该站在队列的中间。

（2）纵队行进间动作指挥的站位

教师应站在队形左侧中间前，两路纵队行进时，教师站在左侧前或左侧。

纵队绕场行进时，教师应站在场地正中间，指挥时不移动为宜。教师的正面方向可随排头行进二变换。

圆形的队形，教师可根据学生人数的多少，站于圆内或圆外。[1]

五、辅助的指挥手段

在进行队列队形练习时，教师除了正确运用口令指挥外，有时还采用下列辅助手段进行指挥。

（一）口笛

在行进过程中，为保持队形的整齐划一，教师有时还会使用笛子来代替口令进行指挥。音量的高低、速度的快慢、节奏的长短，都应视训练的实际情况而定。

（二）伴奏

在进行队形训练时，教师还可以通过配乐来指导队形的变化。以音乐的欢快鼓点节奏快慢来活跃课堂氛围，增强教学效果。

（三）手势

在口令的指导下，配合合适的手势，给队伍下达指令。该方法主要适合水平

---

❶ 韦广忠，郑湘平 . 基本体操理论教学与实践（第 1 版）[M]. 武汉：湖北大学出版社，2006:32-33.

较低、人数较多、注意力较差的队伍，在下达指令时，辅以手势动作，以表示方向等。

（四）口号

在行进的队形训练中，要使步调统一，节奏统一，喊“①，②，③，④”口令或四字倍数的口号。

（五）唱歌

在训练中，教师可以指挥学生演唱进行曲。但是，演唱的时间不能太久，演唱的次数也不能太多。

六、队列队形的教学要求

（一）队列队形教学对教师的要求

（1）教师要有高度的责任心和使命感，严格要求学生，以身作则，动作示范准确，细心指导。

（2）教师要选择适当的示范和指挥位置，当学生站立时，应选择能看到队伍的最佳角度，并配合适当的手势，保证学生的观察视角。

（3）教师要正确地使用口令，发出的指令要准确、清晰、响亮。时间的长短，取决于阵型的数量。人多的时候，口令发出的时间可以适当延长。移动中的起动命令，通常是从右腿开始的。在进行图示移动与移动之间的阵型变化训练时，要适时地发出口令。在队列前后移动时，请勿发出偶数步前进的指令。[1]

（4）在进行队列队形练习时，老师一定要正确、熟练地把握教材，做好课前准备工作。在教学过程中，老师要将教法与学法相结合，严格要求自己，不断完善教学方法，激发学生的学习热情，从而达到提高学生的组织纪律性，培养正确姿势的目的。

（5）严格要求学生，保持队形一致，自觉遵守纪律要求。

（二）队列队形教学对学生的要求

（1）所有学生都要听从指挥员的指令，服从指挥员的命令。

（2）严肃认真，精神振奋，姿态端正。

（3）动作要精确、快速、协调，并维持队形整齐。

（4）集中注意力，认真练习，准确把握动作要领，全力以赴地完成训练任务。

（5）团结友爱，互帮互学，关心集体。反对自由散漫。

---

[1] 蔺新茂．体操［M］．重庆：重庆大学出版社，2017:56-87.

（6）把所学的纪律，融入日常学习、生活和工作中，把学到的队风运用到实践中，做到学以致用。

（7）想要离开队伍，必须汇报，得到同意后才能离开，不得擅自离队。列队完毕，迟到的同学必须高呼“报告”，得到准许后，才能跑到队列的末尾，不能插在队列中间，否则会破坏队列的秩序。

（三）对体育专业的教师和学生的要求

1. 充分认识和提高学习队列队形的重要性

队列队形训练是体育老师和同学们都要掌握的基本技能。首先，自我要求严格，培养良好的学习习惯，能够熟练地讲解队列队形动作，并在课堂上进行准确的演示。其次，队列队形练习是一种培养学生正确姿势、促进身体正常发育的重要方法。

2. 各项专业技术课教师应共同促进、相互配合

除体操教师按照体育专业培养学生的要求，将队列队形的基本知识、技术、技能切实地传授给学生，正确示范动作、讲解动作要领外，其他教师在每次课的组织教学中，也应该安排学生进行队列队形练习的实践教学，共同培养学生的指挥能力。

3. 重视发出口令的教学方法

发出口令练习过程中，要有先后顺序，要有节奏感。首先，老师要正确示范，其次，讲解如何正确发音，再次，带着同学们进行练习，最后由学生担任指挥者，发出口令来指挥训练。口令的练习方法如下：

（1）发音的方法：立正姿势，腹式运气，咀嚼肌放松，腹肌收缩将气推出，有力而有韵律地喊出口令。喊口令时，字音必须清晰，身体姿势正确，充足地运气，咽喉、腹部适当紧张用力，气息均匀而有力地冲出发音。

（2）口令配合行动。教学的口令最好与课堂上的行动相结合，先口令后行动，这样行动与口令相统一，使学生感受口令的起伏和步伐的韵律，从而掌握口令的使用过程。

（3）边喊口令边做动作。教师讲解、示范后，重点强调预令、动令与起落脚的关系，步速放缓。

4. 教学与考核相结合

在进行队列队形训练之后，教师要对动作演示的正确性、要领讲解的简明性、教学方法和口令指挥能力等方面进行测试，掌握学生掌握队列队形的情况。

七、队列队形的教学注意事项

（1）根据教学目标需要，要有明确目的，避免随意性。

（2）合理的教学方法。通常采用先示范后讲解的方法，或先全部示范后分解动作的方法。

（3）注意教学组织形式和练习内容的安排。在教学组织方式上，先要进行全队的队形训练，当学生们训练到一定水平后，可以采取一对一的训练或小分队训练。在训练内容安排上，通常是先学原地队形，再学行进间队形，最后是队形的教学与训练。[1]

（4）老师的口令要准确、响亮，有气势，有感染力，这样才能提高队形训练的效果。

（5）教师发出口令时要注意位置。不同的队列队形练习，有不同的下达口令位置。

复习思考题

1. 简述队列队形练习的概念及特点。
2. 简述队列队形练习的分类。
3. 简述队列队形练习的教学要求和注意事项。
4. 简述口哨的作用与功能。
5. 口令在队列队形练习中如何应用？

---

❶ 韩宏飞．现代体操教学理论与方法［M］．北京：北京体育大学出版社，2001:220-224.

第三章　徒手体操

主要内容

本章主要对徒手体操的特点和作用、内容和分类、徒手体操术语、徒手体操教学等进行了系统翔实的阐述，有助于教师掌握徒手体操术语和教学方法，提高教学质量和教学能力。

教学目标

1. 了解徒手体操的作用和特点。
2. 了解徒手体操的内容和分类。
3. 掌握徒手体操的术语。
4. 掌握徒手体操的教学方法。

第一节　徒手体操的特点和作用

徒手体操是在节拍的指挥下，对身体各部位以徒手方式，依照一定的程序，进行一些成套或单个动作的身体练习。[1]其动作主要包括：举、振、摆、倒、屈伸、绕环、踢、蹲、跳、转、跪、立等。主要特点：首先，不受场地设施条件的限制，便于操作。适合在家、公园、空地等地方练习，适合不同对象练习，运动量易于调节。其次，内容丰富、形式多样、易于普及。适合不同年龄练习，可以单人、双人及集体的形式练习。最后，塑造良好的体形，促进人体各部位的协调发展。[2]

---

❶ 童昭岗，雷咏时．体操［M］.2 版．桂林：广西师范大学出版社，2006:37-38.

❷ 杨烨．大学生体育运动技能准则［M］.上海：上海教育出版社，2018:235-237.

徒手体操可帮助人们养成正确的身体姿势，纠正不良体态，提高身体各部分的协调能力，改善内脏器官的功能，增加肌肉力量，增强韧带的柔韧性和关节的灵活性，促进身体的正常发育，从而达到增强体质，全面提升身体健康水平的目的。此外，徒手体操还可以作为各种运动的辅助训练，提高身体的基础能力。[1]

第二节 徒手体操的内容和分类

徒手体操根据练习人数可分为单人动作、双人动作和多人动作。单人动作根据肢体练习部位可分为头颈动作、上肢动作、下肢动作、躯干动作及其他动作；双人动作根据用力方式分为助力性动作、对抗性动作、协同性动作；多人动作主要是集体配合动作。

一、单人动作

（一）头颈动作

（1）屈：前屈、左屈、右屈、后屈。

（2）转：左转、右转。

（3）绕环：向左（右）绕环。

（二）上肢动作

（1）举：臂前举、后举、上举、下举、侧举、侧上举、侧下举、侧后举、前斜上举、前斜下举、后斜下举。

（2）振：臂上振、臂侧后振、臂后振、臂胸前平屈振、臂肩侧屈振。

（3）屈：臂胸前平屈、臂肩侧屈、臂上屈抱头、两臂腰后屈、握拳两臂侧屈。

（4）伸：臂前伸、上伸、侧伸。

（5）绕和绕环：前和后绕、左和右绕、内和外绕。

（三）下肢动作

（1）举：左（右）腿前举、左（右）腿侧、左（右）腿后举；左（右）腿前下、左（右）腿侧下举等。

（2）踢：左（右）腿前踢、左（右）腿侧踢、左（右）腿后踢。

（3）屈：左（右）腿前屈、左（右）腿侧屈、左（右）腿后屈。

---

[1] 张涵劲 . 体操（第 3 版）[M]. 北京：高等教育出版社，2015：50-51.

（4）伸：左（右）腿前屈向前伸、左（右）腿侧举向侧下伸、左（右）腿后屈向后伸等。

（5）绕环：左（右）腿向前绕、左（右）腿向后绕、左（右）腿左（右）绕环。

（6）弓步：前弓步、侧弓步、后弓步、前斜弓步。

（7）蹲：全蹲、半蹲、分腿半蹲等。

（8）跪：脆立、分腿脆、一腿跪一腿前（侧、后）伸直。

（9）跳：单双脚跳、分腿跳、换腿跳等。

（四）躯干动作

（1）屈：上体前、后、侧屈；上体左前屈、上体右前屈、上体前平屈、上体后平屈等。

（2）转：上体左转、上体右转。

（3）绕环：上体向左、右绕环。

（4）倾：上体向前、后、左、右倾等。

（5）振：上体前屈振、侧屈振、后屈振。

（五）全身动作

（1）立：直立、开立（左右和前后）、起踵立。

（2）撑：俯撑、侧撑、仰撑。

（3）跪：跪立、跪坐、跪撑。

（4）坐：并腿坐、分腿坐、屈腿坐、坐撑。

（5）卧：俯卧、侧卧、仰卧、卧撑。

二、双人动作

（一）助力性动作

一人帮助另一人做动作。例如，两人相互帮助拉肩、搬腿、体前屈等。

（二）对抗性动作

二人相互对抗用力。例如，两人相对站立，下肢成弓步，双臂依次向前推，以弓步抵住双肩；两人侧向站立，侧弓步站立，两人内侧手互握对拉等。[1]

（三）协同性动作

二人同时配合用力做动作。例如，两人侧对站立、两手互握，外侧弓步体

---

[1] 童昭岗，雷咏时．体操（第 2 版）[M]. 桂林：广西师范大学出版社，2006:37-38.

侧屈。[1]

三、多人动作

三人及以上根据练习目的，一起完成的集体配合动作。

第三节　徒手体操术语

一、动作方向术语

动作方向是指人体或人体某一部分运动的指向或所处的方位。[2]当人站起来的时候，就可以根据人体的位置来决定人的动作方向。大多数徒手体操，是以一个动作的起点开始的指向来确定动作的方向。上体方位发生变化后，动作的方向是相对于直立时的方位来确定的，四肢动作的方向是与直立时上体所处的方位关系来确定的。动作发生转体就需要按动作转体后所处的方位来确定动作方向。基本运动的方向可分为向前、向后、向上、向下、向左、向右、向内、向外 8 个方向。[3]

（一）基本方向

1. 向前

向前是指开始做动作时，向胸所对的方向。

2. 向后

向后是指开始做动作时，向背所对的方向。

3. 向上

向上是指开始做动作时，向头所对的方向。

4. 向下

向下是指开始做动作时，向脚所对的方向。

5. 向左

向左是指开始做动作时，向左臂所对的方向。

6. 向右

向右是指开始做动作时，向右臂所对的方向。

---

❶ 张涵劲 . 体操（第 3 版）[M]. 北京：高等教育出版社，2015：49-51.

❷ 吕万刚，胡建国，宋文利 . 体操 [M]. 北京 : 北京体育大学出版社，2007:34-41.

❸ 凌辉 . 学校体操 [M]. 北京 : 北京体育大学出版社，2012:32.

7. 向内

向内是指开始做动作时，双臂向不同的方向移动（左臂向右，右臂向左同时做相对运动）。

8. 向外

向外是指开始做动作时，双臂向不同的方向移动（左臂向右，右臂向左同时做相对运动）。要以身体运动部位（如臂、腿）开始姿势的位置及身体相互关系为基础，以此为依据来确定所做动作的运动方向。例如，从身体直立出发，做手臂的回旋，此时手臂做顺时针移动；若从上抬起手臂开始，则手臂做环状向前移动，此时手臂做逆时针转动。[1]

（二）中间方向

在两个基本方向间的夹角为 45°。基本方向可以分为前上、前下、侧上、侧下等，比如前与下之间的动作叫作前下，侧平举与下举之间的动作叫作侧下。

三个基本方向之间所构成的中间就是斜，有前侧上、前侧下、后侧上、后侧下等。

（三）斜方向

斜方向是由三个相互交叉的基本方向成 90° 所组成的中间方向。例如前侧上、前侧下、后侧上、后侧下等。

二、徒手体操动作方法术语

（一）头颈

头颈是头与颈的总称。

（二）上肢

上肢也叫臂。包括大臂、小臂、肩、肘、腕关节、掌（拳）、指。

（三）下肢

下肢也叫腿。包括大腿、小腿、髋、膝、踝关节、脚（掌、趾、踵）。

（四）躯干

躯干也叫上体。包括胸部、腹部、腰部、背部和脊柱。

（五）四肢

四肢是上肢与下肢的总称。

---

[1] 凌辉 . 学校体操［M］. 北京 : 北京体育大学出版社，2012:46.

（六）全身

全身是以上身体各部位的总称。

（七）立

人体接触地面并支撑体重的姿势，即双脚直立的姿势，包括：直立、并立、开立、前后开立、交叉立、点地立、提踵立、倒立等。

（1）直立：基本与立正姿势一样，但是五个手指要并拢，保持笔直。

（2）并立：两脚完全并拢的站立。

（3）开立：双脚向两侧分开，与肩膀一样宽的距离，如果双脚之间距离比肩宽大，就叫作“大开立”，比肩宽小，则称为“小开立”。

（4）前后开立：一腿向前，一腿向后成前后的站立。在做前后开立姿势时，应指出哪只脚在前，如左脚在前开立的姿势。

（5）交叉立：双腿成交叉形的站立。在做交叉立姿势时，应该指出哪只脚在前面，如左腿在前交叉立的姿势。

（6）点地立：一般情况下，一只脚站在地上，以支撑身体的重量，而另一只脚则伸向特定的方向，大脚趾触地。在点地时，要指出哪一只脚着地的位置和方位，比如，用右脚站立，左脚前点地。

（7）起踵立：脚跟离开地面，用前脚掌站立，分单脚和双脚同时起踵。

（8）倒立：头部朝下，脚朝上，是一种垂直且静止运动。

（八）弓步

两腿分开一大步，一腿屈膝弯曲，大腿与小腿成 90°，另一腿伸直，双腿全脚掌着地。包括：左（右）前弓步、左（右）后弓步、左（右）侧弓步等。

（1）左（右）前弓步

直立，左（右）脚向前迈开，双手叉腰或放于体侧，前腿弯曲（膝盖不超过脚尖），右（左）腿向后伸直（全脚着地）的姿势。

（2）左（右）后弓步

直立，左（右）脚分开向后开立，双手叉腰或放于体侧，左（右）腿弯曲（膝盖不超过脚尖），右（左）腿伸直向前（全脚着地）的姿势。

（3）左（右）侧弓步

直立，两脚分开左右开立，双手叉腰，左（右）腿屈膝（膝盖不超过脚尖），右（左）腿伸直（全脚着地）的姿势。

（九）蹲

两腿屈膝的一种姿势。包括：半蹲、全蹲、蹲撑等。

（1）半蹲

小腿与大腿屈膝折叠，夹角约 135°。

（2）全蹲

小腿与大腿屈膝折叠，夹角小于 90°。

（3）蹲撑

全蹲，两手全手掌同时支撑地面。

（十）踢

上身挺直，一只脚直立，另一只脚自下而上，做快速、有力地摆动。包括：前踢腿、侧踢腿、后踢、异侧踢腿、小划弧踢腿等。

（1）前踢腿

双手叉腰，左（右）脚支撑直立，右（左）脚向前上方做快速、有力地摆动。

（2）侧踢腿

双手叉腰，左（右）脚支撑直立，右（左）脚向侧上方做快速、有力地摆动。

（3）后踢

双手叉腰，左（右）脚直立，右（左）脚向后上方做快速、有力地摆动。

（4）异侧踢腿

双手叉腰，左（右）脚直立，右（左）脚向异侧 45° 方向做快速、有力地摆动。

（5）小划弧踢腿

双手叉腰，左（右）脚直立，右（左）脚向异侧 45° 方向做向上、外侧快速、有力地摆动。

（十一）跪

上体保持直立、双腿并拢，膝盖接触地面的姿势。包括：跪坐、半劈腿跪坐、跪立、跪撑等。

（1）跪坐

上体保持直立，臀部向后靠在脚后跟上时，膝盖和小腿前侧触地。

（2）半劈腿跪坐

由跪坐开始，左（右）腿向后伸直，两手体侧撑地，以左（右）腿前侧接触地面的姿势。

（3）跪立

膝盖和小腿的前侧接触地面，而大腿与小腿约成 90° 夹角。

（4）跪撑

双手手掌、膝盖、小腿前侧接触地面，肘关节挺直，上半身与地面保持水平。

（十二）坐

上体保持直立，臀部接触地面。包括：屈腿坐、屈体坐、直角坐、分腿坐等。

（1）屈腿坐

上体保持直立，臀部接触地面，双手体侧或体后撑地，双腿并拢，屈膝双脚接触地面。

（2）屈体坐

上半身向前弯曲，双腿并拢，臀部与腿部后侧接触地面。

（3）直角坐

上体保持直立，双腿并陇向前伸直，臀部与腿部后侧及脚后跟接触地面，上体与腿部成 90° 夹角。

（4）分腿坐

上体保持直立，双腿左右分开，臀部与大腿后侧接触地面。

（十三）撑

手和身体其他部分着地的姿势。包括：俯卧撑、俯撑、仰撑、侧卧撑、侧撑、屈体立撑、分腿立撑等。

（1）俯卧撑

双手和前脚掌撑在地面，大臂与小臂成 90° 夹角，上体挺直，不塌腰，胸部朝向地面，面部朝下。

（2）俯撑

双手和前脚掌撑在地面，肘关节挺直不弯曲，上体挺直，胸部朝向地面，面部朝下。

（3）仰撑

双手和脚后跟撑在地面，肘关节挺直不弯曲，上体挺直，背部朝向地面，后脑勺朝下。

（4）侧卧撑

左（右）侧身躺下，左（右）臂屈肘，小臂与肘关节支撑地面，右（左）臂弯曲手掌在腹部前方撑地，髋关节挺直，双腿向下延长线伸直。

（5）侧撑

左（右）侧卧开始，左（右）臂伸直，左（右）手掌与左（右）脚支撑地面，身体离地，右（左）臂侧举或叉腰。

（6）屈体立撑

双脚站直，屈上体，双手体前撑地的姿势。

（7）分腿立撑

双腿开立，屈上体，双手体前撑地的姿势。

（十四）卧

身体接触地面或平躺在器械上。包括：俯卧、仰卧、左（右）侧卧、直角仰卧等。

（1）俯卧

上体挺直，胸部接触地面，面部朝下，平躺于地面的姿势。

（2）仰卧

上体挺直，背部接触地面，面部朝上，平躺于地面的姿势。

（3）左（右）侧卧

上体挺直，左（右）侧接触地面，平躺于地面的姿势。

（4）直角仰卧

上体挺直，背部接触地面，双脚抬起，与地面成 90° 夹角的姿势。

（十五）举

肢体运动幅度不大于 180°，并且在一个特定的位置停止。包括：两臂前举、两臂侧举、两臂上举、两臂后举、两臂前上举、两臂前下举、两臂侧上举、两臂侧下举、两臂后下举、两臂前斜上举、两臂前斜下举、腿前举、腿侧举、腿后举等。

（1）两臂前举

两臂伸直经体前举起，与地面平行，两臂平行，与肩同宽，掌心相对（或向上、向下）。

（2）两臂侧举

两臂伸直经体侧举起，与地面平行，掌心向下（或向上、向前）。

（3）两臂上举

两臂伸直经体侧（体前）举过头顶，两臂平行，与肩同宽，掌心相对（或向前、向外）。

（4）两臂后举

两臂伸直向后举到最大限度，两臂平行，与肩同宽，掌心相对（或向上、向外、向下）。

（5）两臂前上举

两臂伸直经体前举起与上举或前举成 45° 夹角，两臂平行，与肩同宽，掌心相对（或向上、向下）。

（6）两臂前下举

两臂伸直经体前举起与下举或前举成 45° 夹角，两臂平行，与肩同宽，掌心相对（或向上、向下）。

（7）两臂侧上举

两臂伸直经体侧举起与上举或侧举成 45° 夹角，两臂对称，与肩同宽，掌心向下（或向上、向前）。

（8）两臂侧下举

两臂伸直经体侧举起与下举或侧举成 45° 夹角，两臂对称，与肩同宽，掌心向下（或向上、向前）。

（9）两臂后下举

两臂伸直向体后举起与下举或后举成 45° 夹角，两臂对称，与肩同宽，掌心相对（或向上、向外、向下）。

（10）两臂前斜上举

两臂伸直向前上方举起与前举、上举与侧举成 45° 夹角，两臂对称，与肩同宽，掌心相对（或向上、向下）。

（11）两臂前斜下举

两臂伸直向前下方举起与前举、下举与侧举成 45° 夹角，两臂对称，与肩同宽，掌心相对（或向上、向下）。

（12）腿前举

上体挺直，双手叉腰，左（右）脚支撑站立，右（左）脚从体前抬起，与地面平行。

（13）腿侧举

上体挺直，双手叉腰，左（右）脚支撑站立，右（左）脚从体侧抬起，与地面平行。

（14）腿后举

上体挺直，双手叉腰，左（右）脚支撑站立，右（左）脚从体后抬起至最大限度。

（十六）振

臂和躯干快速用力地做弹性运动的动作。包括：两臂上举后振、两臂侧举后振、两臂侧振、两臂后下振、上体前振、上体侧振、上体后振等。

（1）两臂上举后振

上体挺直，手臂上举，以肩膀为轴，向后做最大限度的加速弹性的摇摆。

（2）两臂侧举后振

上体挺直，手臂侧举，以肩膀为轴，向后做最大限度的加速弹性的摇摆。

（3）两臂侧振

上体挺直，双臂左（右）侧举，以身体中垂线为轴，向右（左）做最大限度的加速弹性的摇摆。

（4）两臂后下振

上体挺直，手臂体侧下举，以肩膀为轴，向后做最大限度的加速弹性的摇摆。

（5）上体前振

上体挺直，双腿分开，双手叉腰，以髋关节为轴，身体向前做出最大幅度的加速弹性摆动。

（6）上体侧振

上体挺直，双腿分开，双手叉腰，以髋关节为轴，身体向左（右）侧做出最大幅度的加速弹性摆动。

（7）上体后振

上体挺直，双腿分开，双手叉腰，以髋关节为轴，身体向后做出最大幅度的加速弹性摆动。

（十七）摆

四肢做匀速的放松的摆动。包括：两臂前后摆动、两臂左右摆动、腿前后摆动、腿左右摆动等。

（1）两臂前后摆动

上体直立，两臂前举，掌心向下，以肩关节为轴，做前后匀速钟摆运动。

（2）两臂左右摆动

上体直立，两臂左（右）侧举，掌心向下，以身体中垂线为轴，做左右匀速往返运动。

（3）腿前后摆动

上体直立，双手叉腰，左（右）腿支撑站立，以右（左）腿髋关节为轴，做前后匀速钟摆运动。

（4）腿左右摆动

上体直立，双手叉腰，左（右）腿支撑站立，以右（左）腿髋关节为轴，做左右匀速钟摆运动。

（十八）屈

身体关节折叠或弯曲的动作。包括：头前屈、头后屈、头侧屈、臂胸前平屈、臂前屈、臂侧屈、臂肩侧平屈、两手叉腰、腿前屈、腿侧屈、腿后屈、体前屈、体后屈、体侧屈等。

（1）头前屈

上体挺直，双手叉腰，头向体前弯曲（大于 45°）。

（2）头后屈

上体挺直，双手叉腰，头向体后弯曲（大于 45°）。

（3）头侧屈

上体挺直，双手叉腰，头向体侧弯曲（大于 45°）。

（4）臂胸前平屈

上体挺直，上臂经体侧屈肘将小臂引至胸前弯曲与上臂平行，掌心向下（或向后、向上）。

（5）臂前屈

上体挺直，大臂不动，小臂经体前折叠平行于大臂，掌心向后，指尖触肩膀。

（6）臂侧屈

上体挺直，大臂不动，小臂经体侧折叠平行于大臂，掌心向内，指尖触肩膀。

（7）臂肩侧平屈

上体挺直，大臂侧举，小臂经体侧折叠于大臂之上，掌心向下，指尖触肩膀。

（8）两手叉腰

上体挺直，双手体侧提起，肘关节外展，大拇指向后，四指向前，虎口卡腰，掌心向下。

（9）腿前屈

上体挺直，左（右）脚支撑地面，双手叉腰，右（左）脚体前膝盖弯曲，大腿平行于地面，小腿垂直于地面。

（10）腿侧屈

上体挺直，左（右）脚支撑地面，双手叉腰，右（左）脚体侧膝盖弯曲，大腿平行于地面，小腿垂直于地面。

（11）腿后屈

上体挺直，左（右）脚支撑地面，双手叉腰，右（左）脚体侧膝盖弯曲，小腿后举。

（12）体前屈

上体挺直，双手叉腰，双脚左右分开，与肩同宽，以髋关节为轴，上身向前倾斜。

（13）体后屈

上体挺直，双手叉腰，双脚左右分开，与肩同宽，以髋关节为轴，上身向后倾斜。

（14）体侧屈

上体挺直，双手叉腰，双脚左右分开，与肩同宽，以髋关节为轴，上身向左（右）倾斜。

（十九）伸

身体各关节的扩展或延伸的动作。包括：臂前伸、臂侧伸、臂上伸、臂下伸等。

（1）臂前伸

上体挺直，双臂头后屈或胸前屈，肘关节充分伸展，双臂前举，手掌朝前（或朝下）。

（2）臂侧伸

上体挺直，双臂头后屈或肩侧屈，肘关节充分伸展，双臂侧举，手掌向内（或向外）。

（3）臂上伸

上体挺直，双臂头后屈或肩侧屈，肘关节伸直，两臂上举，掌心向上。

（4）臂下伸

上体挺直，两臂头后屈或肩侧屈，肘关节伸直，两臂下垂于体侧。

（二十）绕

各关节完成大于 180° 并小于 360° 的动作。包括：两臂前绕、两臂后绕、两臂上绕、两臂下绕、两臂向内绕、两臂向外绕、两臂向左绕、两臂向右绕、腿向前绕、腿向后绕等。

（1）两臂前绕

上体挺直，双臂在身体两侧，以肩膀为轴，肘关节挺直，向前移动 180° ～ 360° 的弧形动作。

（2）两臂后绕

上体挺直，双臂上举，以肩膀为轴，肘关节挺直，向后移动 180° ～ 360° 的弧形动作。

（3）两臂上绕

上体挺直，双臂前举，以肩膀为轴，肘关节挺直，向上移动 180° ～ 360° 的弧形动作。

（4）两臂下绕

上体挺直，双臂前举，以肩膀为轴，肘关节挺直，向下移动 180° ～ 360° 的弧形动作。

（5）两臂向内绕

上体挺直，以肩膀为轴，肘关节挺直，向内交叉移动 180° ～ 360° 的弧形动作。

（6）两臂向外绕

上体挺直，以肩膀为轴，肘关节挺直，向外交叉移动 180° ～ 360° 的弧形动作。

（7）两臂向左绕

上体挺直，双臂在身体两侧，以肩膀为轴，肘关节挺直，向左移动 180° ～ 360° 的弧形动作。

（8）两臂向右绕

上体挺直，双臂在身体两侧，以肩膀为轴，肘关节挺直，向右移动 180° ～ 360° 的弧形动作。

（9）腿向前绕

上体挺直，两手叉腰，左（右）腿支撑，以右（左）腿髋关节为轴，向前、侧、后移动 180° ～ 360° 的弧形动作。

（10）腿向后绕

上体挺直，两手叉腰，左（右）腿支撑，以右（左）腿髋关节为轴，向后、侧、前移动 180° ～ 360° 的弧形动作。

（二十一）绕环

各关节完成 360° 或大于 360° 的圆形动作。包括：肩前绕环、肩后绕环、两臂前绕环、两臂后绕环、两臂上绕环、两臂下绕环、两臂向内绕环、两臂向外绕环、两臂向左绕环、两臂向右绕环。

（1）肩前绕环

上体挺直，双臂在身体两侧，以肩关节为轴，向前、上、后、下做 360° 及以上的圆弧动作。

（2）肩后绕环

上体挺直，双臂在身体两侧，以肩关节为轴，向后、上、前、下做 360° 及以上的圆弧动作。

（3）两臂前绕环

上体挺直，双臂在身体两侧，以肩膀为轴，肘关节挺直，向前移动做 360° 及以上的圆弧动作。

（4）两臂后绕环

上体挺直，双臂上举，以肩膀为轴，肘关节挺直，向后移动做 360° 及以上的圆弧动作。

（5）两臂上绕环

上体挺直，双臂前举，以肩膀为轴，肘关节挺直，向上移动做 360° 或更高的圆弧动作。

（6）两臂下绕环

上体挺直，双臂前举，以肩膀为轴，肘关节挺直，向下移动做 360° 或更高的圆弧动作。

（7）两臂向内绕环

上体挺直，以肩膀为轴，肘关节挺直，向内移动做 360° 或更高的圆弧动作。

（8）两臂向外绕环

上体挺直，以肩膀为轴，肘关节挺直，向外移动做 360° 或更高的圆弧动作。

（9）两臂向左绕环

上体挺直，双臂在身体两侧，以肩膀为轴，肘关节挺直，向左移动做 360° 或更高的圆弧动作。

（10）两臂向右绕环

上体挺直，双臂在身体两侧，以肩膀为轴，肘关节挺直，向右移动做 360° 或更高的圆弧动作。

（二十二）转

“转”是指头部、上体和躯干以人体中垂线为轴绕动。包括：头侧转和上体侧转。

（1）头侧转

上体挺直，双腿开立，双手叉腰，以人体中垂线为轴，头向左（右）侧转至极限。

（2）上体侧转

上体挺直，双腿开立，双手叉腰，以人体中垂线为轴，上体向左（右）侧转至极限。

（二十三）波浪

人体相邻的某个部位的关节，按照一定的次序，以此完成轻柔的屈伸动作。包括：手指波浪、手臂波浪、胸波浪、髋波浪、向前全身波浪、向后全身波浪、身体侧波浪等。

（1）手指波浪

上体直立，五指关节弯曲，并依序依次从指尖向手腕传送，以达到轻柔地屈伸动作。

（2）手臂波浪

上体直立，肩膀向下用力，并依序依次从手肘、手腕、手指传送，以达到轻柔地屈伸动作。

（3）胸波浪

上体直立，胸部向前发力，带动胸椎做柔和的屈伸动作。

（4）髋波浪

上体直立，半蹲，双手叉腰，以臀部为支撑点，带动髋关节向前、上、后、下做柔和的屈伸动作。

（5）向前全身波浪

上体直立前屈，半蹲，按膝、髋、腰、胸、颈顺序，依次向前上做轻柔的屈伸动作。

（6）向后全身波浪

上体直立后屈，半蹲，按膝、髋、腰、胸、颈顺序，依次向前屈做轻柔的屈伸动作。

（7）身体侧波浪

上体直立，双手叉腰，右（左）腿支撑，左（右）腿侧伸，脚尖点地，带动左（右）膝、髋、腰、肩部做柔和的屈伸动作。

（二十四）倾

上体伸直，偏离垂直面 45° 左右的动作。包括：上体前倾、上体后倾、上体侧倾等。

（1）上体前倾

双脚前后站立成左（右）弓步，双手叉腰，身体重心向前移动，上体挺直与垂直面成 45° 角。

（2）上体后倾

双脚前后站立成左（右）弓步，双手叉腰，身体重心向后移动，上体挺直与垂直面成 45° 角。

（3）上体侧倾

双腿左右开立成侧弓步，双手叉腰，身体重心向一侧移动，上体挺直与垂直面成 45° 角。

（二十五）挺身

胸、腰、髋关节稍后屈。

（二十六）平衡

一腿支撑地面，另一腿向后（侧、斜）方向高举的姿势。包括：燕式平衡、仰平衡、侧平衡等。

（二十七）劈腿

两腿分开成一条直线接触地面的姿势。包括：纵劈腿、横劈腿、半劈腿等。

（二十八）桥

身体背向地面，上肢与下肢支撑成弓步形的姿势。包括：分腿桥、跪桥、前臂桥等。

三、动作术语的构成

（一）动作术语

关于身体各个部位运动时的术语，通常包括：开始（预备）姿势、动作部位、动作方向、动作形态、动作做法和结束姿势。[1] 术语的构成是指术语由哪些因素组

---

[1] 王伯华 . 基本体操（第 1 版）[M]. 杭州：浙江大学出版社，2004:7-33.

成，怎样组成。

（二）动作学名构成的省略原则

学名的构成，总的来说，由六个运动因素和一个附加因素组成。但是，并非所有的学名都是由七要素构成的，因为一些动作并没有包括其中一些要素，所以也能保证学名的准确性。省略原则：

（1）最习惯、最容易或最基本的一般可省略。

（2）必定是这样做的或可以理解的一般可省略。

（3）属于做体操身体基本姿势的一般特征都可省略。[1]

四、动作术语的记写

（一）动作术语的记写内容

成套徒手体操是由几个单节徒手体操组合而成的，其中包括：动作节奏、动作名称、动作节拍、动作图解、动作做法、动作要求及注意事项等。[2] 其中，动作图解和动作做法占主要篇幅，且需遵循记写规律与要求。

（二）动作术语的记写要求

1. 动作名称的要求

每节操的名称是根据运动的性质和所需锻炼的要求进行命名的，也就是要通过不同的方式，不同的动作，才能达到不同的效果。一般而言，单节操需要人体多个部分参与，以及各种不同的运动方式相结合，命名方式有下列几种：

（1）按身体运动部位命名。例如头部运动、上肢运动、腹背运动、下肢运动等。

（2）按动作性质命名。例如伸展运动、跳跃运动、灵敏运动、力量运动等。

（3）综合命名。例如扩胸运动、体转运动、全身运动、整理运动等。

2. 动作图解的要求

（1）图解要准确形象，选择合适的示范面向。

（2）图解一般采用速记绘图的形式，也可采用人像示范图片。

（3）图文匹配。必要时需添加动作路线，起止点均可用虚线箭头标明清楚。

3. 动作做法的要求

（1）动作做法的记写是用规范完整记写动作的开始姿势（预备姿势）、动作部

---

❶ 韦广忠，郑湘平 . 基本体操理论教学与实践（第 1 版）[M]. 武汉：湖北大学出版社，2006:32-33.

❷ 吕万刚，胡建国，宋文利 . 体操 [M]. 北京：北京体育大学出版社，2007:13-14.

位、动作方向、动作形态、动作方法、结束姿势等。这也是构成徒手体操动作术语的基本要素。❶

（2）动作记写部位，按下肢—上肢—躯干—头部顺序；一般用“先后”或是“同时”来说明完成的顺序；行动路线较长且变化不定的，则应以“经”或“至”最后为“成”表示。

（3）如果后一拍的动作完全按照原来的轨迹返回到前一拍的结束姿势时，可按“还原成”来记录，同时省略后一拍的动作记写。

（4）当后拍动作与前拍动作一致时，用“× ～ ×”拍同“× ～ ×”拍记写，若方向不同，需备注动作相同，方向相反。

（5）省略原则。每节操的第一个动作须说明开始姿势。其余动作的开始姿势可省略。当上、下肢所经过的路线为最短时，动作方向通常省略，属于做操时身体局部姿势的一般特征可省略，如直臂、直腿等。两臂同时做动作时，“两”字可省略。❷

（三）动作术语的记写方法与顺序

动作术语的记写方法包含文字和图示两种。首先，确定每节操的动作名称；其次，按每节操的记写顺序；最后是每拍的记写。

1. 每节操的名称

整套徒手套路是由多个单节操构成，每节操需先确定动作的名称。

2. 每节操的记写顺序

徒手体操采用分节记写。各节拍的动作，要指出下列顺序：

（1）写明该节操的动作名称。例如，上肢运动。

（2）做操的预备姿势，立正或直立。

（3）写明做操的节拍。例如，二八拍或四八拍。

（4）动作部位，如上臂、两脚。

（5）动作的方向，如两手前举。

（6）按照每拍的顺序，把每拍的动作都记录下来。最后一拍需记写结束姿势。如后续节拍与前面动作一致，可记写成动作相同。例如，3 ～ 4 拍同 1 ～ 2 拍。

若方向有变化，但动作性质一致，则可标明“方向相反”。例如，3 ～ 4 拍同

---

❶ 吕万刚，胡建国，宋文利 . 体操 [M]. 北京：北京体育大学出版社，2007:13.

❷ 吕万刚，胡建国，宋文利 . 体操 [M]. 北京：北京体育大学出版社，2007:14.

1 ～ 2 拍，但方向相反。

若动作相同，方向也相同，只是换脚（臂）来做，则标明“换（迈、抬）右腿（臂）”。例如，3 ～ 4 拍同 1 ～ 2 拍，但换迈右腿。

3. 每拍的记写方法

徒手体操的动作由身体各个部位共同组成，每个参与部位都需完整记写，未参与部位可以省略，需按规范要求记写，保证“准确精练、通俗易懂”。

（1）记写顺序

一般来说，记写的顺序是由下至上，由左至右，即下肢—上身—上肢—头部，也就是脚、腿、上身、手臂、头部，或者按照下肢—上肢—上身—头部的顺序来记写。例如，左脚向前迈步，双手侧上举，抬头。因为一拍节奏的动作身体各部位一般同时完成，“同时”可省略。但如果不是同时完成，就按先后顺序依次记写。如果需要详细记写参与的部位、动作方向、动作轨迹等，记写为：左脚向前迈步成弓步，双手经体前至侧上举，抬头目光直视正前方。

（2）省略原则

①约定俗成原则：例如“双臂前举”，可省略“掌心向下”；“双脚开立”，可省略“与肩同宽”；“左脚侧出”，可省略“一步”。

②由此及彼原则：从术语构成的六个部分中，可以清楚地判断它们之间的对应关系，并不一定要将六个部分都写进去。如“直立（预备），双手经体前成胸前平屈”，其中“双手经体前”可以省略，因为胸前平屈已经确定了动作部位和方向，是用手完成，从体前提起；“两臂侧举（预备），两臂向下经内体前交叉绕环一周至两臂侧举”，其中“经内”可以省略，因为没有改变方向面；“至两臂侧举”也可省略，因为一周已表明结束动作会还原成开始姿势。

（3）动作之间关系术语

①经：各部位在完成动作时，所经过的动作方位或路线轨迹等用“经”来记写。例如“两臂经体侧至上举”。

②至：同一动作部位在结束时可用“至”来记写。一般用于四肢做绕或绕环时路线较长动作。例如“两臂向下交叉绕至侧举”。

③成：从一个姿态到另一个姿态的转变。通常在每节结尾时使用，以最短、最便捷的路径来完成动作。比如，在一节操结尾时，就常用“还原成立正姿势”，无须把它的路线写出来。

④同时：动作之间、不同身体部位或同一个过程中一起完成时用“同时”来记

写。例如“双脚调成开立，同时两手头上击掌”。

⑤还原：后一拍的动作按原来路线返回至前一拍动作的结束姿势时，可用“还原成 × 姿势”，不必详细记写。还有一种是结束还原，即一节操的最后一拍结束同开始（预备）姿势，可写成“还原成预备姿势”。

（四）徒手操记写示例

例：上肢运动（1×8）

预备姿势：立正姿势。

1 拍：左脚侧出，两臂侧举，掌心向下。

2 拍：右脚提踵向左转体 90°，同时，双臂经下向上抬起成侧上举，掌心朝前（稍抬头）。

3 拍：还原成 1 拍的姿势。

4 拍：还原成预备姿势。

5 ～ 8 拍同 1 ～ 4 拍，但出右脚，向右转体。

例：四肢运动（1×8）

预备姿势：立正姿势。

1 拍：左脚侧举，两臂侧举，掌心向下。

2 拍：左脚成弓步，双臂体前交叉，掌心朝后（左臂在前）。

3 拍：向后转成右弓步，两臂侧举，掌心向下。

4 拍：还原成直立。

5 ～ 8 拍同 1 ～ 4 拍，但出右脚。

例：踢腿运动（1×8）

预备姿势：立正姿势。

1 拍：左脚向后，脚尖点地，双手上举，掌心相对。

2 拍：左脚前踢，双臂经体侧胯下击掌。

3 拍：左脚向后，脚尖点地，两臂侧举，掌心向下。

4 拍：还原成直立。

5 ～ 8 拍同 1 ～ 4 拍，但出右脚。

例：体侧运动（1×8）

预备姿势：立正姿势。

1 拍：左脚侧出成开立，两臂侧举，掌心向下。

2 拍：上体右转，成右弓步，左手叉腰，右臂上举，上体向左侧屈一次。

3 拍：上体再向左侧屈一次。

4 拍：还原成立正姿势。

5 ～ 8 拍同 1 ～ 4 拍，但出右脚，向右侧屈。

例：腹背运动（1×8）

预备姿势：立正姿势。

1 拍：两臂上举，掌心向前（稍抬头）。

2 拍：上体前屈至手触地。

3 拍：左脚向后一步成右弓步，上体直立，两臂侧举，掌心朝下。

4 拍：还原成立正姿势。

5 ～ 8 拍同 1 ～ 4 拍，但出右脚。

例：跳跃运动（1×8）

预备姿势：立正姿势。

1 拍：跳起成开立，两臂成侧上举。

2 拍：跳起成并立，两臂还原。

3 拍：跳起成开立，两臂成侧平举，掌心向下。

4 拍：跳起还原成预备姿势。

5 ～ 8 拍同 1 ～ 4 拍。

（五）行进间徒手体操记写示例

行进间徒手体操是在向前走、跑、跳的行进过程中所完成的练习，需要全身统一协调配合，比定位练习更具挑战性，需要协调配合的能力，因此，需先熟练定位操练习，再进行行进练习。

例：上肢运动（1×8）

预备姿势：行进间便步走。

1 拍：左脚向前一步，同时两臂前举，掌心向下。

2 拍：右脚向前一步，同时两臂上举，掌心向前。

3 拍：左脚向前一步，同时两臂前举，掌心向下。

4 拍：右脚向前一步，同时两臂摆至后举，掌心向后。

5 ～ 8 拍同 1 ～ 4 拍。

（六）双人徒手体操记写示例

双人徒手体操是两人相互协作配合，共同完成每个动作。在配备搭档时，要充分考虑两人的体形、身高、体重等。对两人完成动作时的节奏性、协调性和一致性都有很高要求。两人完成动作的面向包括：面相对、背相对、体侧相对。在讲解示范过程中，需选择良好的示范面向，最好选择一个明显的参照物。双人徒手体操可分为三种类型：协同性动作、助力性动作、对抗性动作。

1. 协同性动作：双人相互配合完成

例：全身运动（1×8）

预备姿势：面对面握手直立。

1 拍：甲左脚侧出一大步成侧弓步，同时左臂侧上举，右臂侧下举。乙相反。

2 拍：甲左腿伸直，右腿弯曲成弓步，同时上体前屈，左手触左脚面，右臂侧上举。乙相反。

3 拍：还原成 1 拍的姿势。

4 拍：还原成预备姿势。

5 ～ 8 拍同 1 ～ 4 拍，但脚交换进行。

2. 助力性动作：一人帮助另一人完成

例：压肩运动（1×8）

预备姿势：面对面握手直立。

1 拍：甲左脚侧出一步，同时两手扶住对方双肩。乙同甲，但乙右脚侧出。

2 拍：甲左脚向后一步。体前屈，同时两臂压肩一次。乙同甲，但乙右脚向后一步。

3 拍：再压肩一次。

4 拍：还原成预备姿势。

5 ～ 8 拍同 1 ～ 4 拍，但脚交换进行。

3. 对抗性动作：两人相互对抗用力完成

例：体侧运动（1×8）

预备姿势：面对面握手直立。

1 拍：甲左脚侧出一步，同时两臂侧举，乙同甲，但乙右脚侧出。

2 拍：甲左臂下摆，右臂上举、向左侧屈。乙相反。

3 拍：还原成 1 拍的姿势。

4 拍：甲左脚收回，两臂还原至两侧成直立。乙同甲，但乙右脚收回。

5 ～ 8 拍同 1 ～ 4 拍。但方向相反。

第四节　徒手体操练习形式

徒手体操练习因不受场地器材的制约，开展较为便利。按运动方式，徒手体操练习可分为定位徒手体操练习和行进间徒手体操练习。按参加人数，徒手体操练习一般分为单人练习、双人练习、集体练习三种。

一、按运动方式分类

（一）定位徒手体操练习

定位徒手体操练习是指在进行徒手体操练习时，练习者的位置比较固定，不会有大范围的步法移动。主要特征为：对场地面积的要求不高，练习活动容易进行，练习人数众多，练习群体广泛。比如，广播体操、自编徒手体操、广场热身操舞、工间操等。常用练习队形：主要依据场地形状排布，包括四边形、长方形、正方形及菱形等。

（二）行进间徒手体操练习

行进间徒手体操练习是指在进行徒手体操练习时，练习者的位置不固定，是在移动中完成的动作练习。主要特征为：对场地面积的要求高，组织练习难度较大，运动负荷较强，练习人数视组织目的而定。比如，行进间的热身操活动、大型团体操表演等。

常用练习队形如下：

1. 圆弧队形练习

队伍成纵队开始，排头带队按逆（顺）时针方向，以圆弧线路边按规定步法行进，边完成徒手体操练习，后排人员依次跟上，最后排头衔接排尾围一个圆圈，教师站于圆心处指挥练习。主要特征为：组织练习较为容易，队伍之间具有较强的连续性，场地面积要求较高。

2. 并、裂队队形练习

将练习者均分成两路纵队，并队时，需完成动作；裂队时，不做动作同时返回并队位置，准备下一阶段动作练习，教师站于并队队伍的侧面或前面。主要特征为：裂队时，易于调节运动符合强度，场地面积要求较低，学生观察视角较为清楚，对排头同学练习水平要求较高。

3. 其他队形练习

根据练习安排，边按规定步法行进，边完成徒手体操练习以行进组成所需形状，教师站在合适的指挥位置。

二、按参与人数分类

（一）单人徒手体操练习

单人徒手体操练习是指在练习过程中，练习者根据音乐或口令节奏，个人选择动作完成练习。练习形式较为简单，不受他人影响，更注重个性的发展锻炼。多用于自身训练过程的热身和拉伸放松部分。

（二）双人徒手体操练习

双人徒手体操练习是指在练习过程中，通过两个人的配合，来完成徒手体操的动作练习，可以增加练习的难度，以此提高练习的趣味性，增强二人的默契配合度。一般采用定位练习方式，如面相对，背向对，体侧相对，重叠交叉。

（三）集体练习

集体练习是以个人为基础，小组内的每一个成员都应该互相协作。在练习过程中，每一个人或一些人都要完成相同或不同的动作，使在动作造型、队形变化等方面能够体现出整体效果。多用于团体演出，或用于提升操练的兴致。一般选择定位、行进等练习方式。练习队形有：方形、圆形、横队、纵队等队形。可在同一拍中做不同的动作，也可以同一拍做同样的动作，但方向、幅度、节奏等都不一样，可以分层次交替或依次做相同的动作等。

第五节　徒手体操的教学

一、徒手体操的教学提示

作为基本体操项目的一项重要内容，徒手体操具有动作简单、形式多样、内容丰富、便于推广等特点。它既是学校体育的重要组成部分，又是全民健身中风格多样的运动项目。

徒手体操是将身体各部位不同类型的动作组成单个或成套动作，并按一定的顺序和节奏进行练习。坚持徒手体操练习，能够促进身体的正常发育，形成良好的体态，增强肌肉、骨骼、韧带和内脏器官的功能，提高灵敏、力量、柔韧等体质。[1]

---

[1] 柳克奇．体操教学与训练方法论［M］. 长沙：湖南大学出版社，2004:19-24.

徒手体操在技术上是相对比较简单的，但是对于每一个动作、每一组动作，都有特定的规范和要求。如果没有按照规范和要求进行训练，就达不到训练目的。所以，教师进行徒手体操教学时，除了要严格规定动作的技术标准外，还要注意学生是否掌握了技术标准，按照技术标准进行有效训练。

（一）规范基本的教学姿态

徒手体操的动作是由身体的各部分来完成的，所以每个部分的基本动作都要符合徒手体操的动作要求，上肢和下肢动作是最重要的动作。一般来讲，完成动作时，上体都需保持直立，手臂挺直、腿伸直、出腿动作需绷脚尖（屈臂、屈腿、勾脚动作除外），五指并拢，力达指尖，具体要求如下：

①上肢定位练习，各方位基本练习前举、上举、侧举、前下举、前上举、侧上举、侧下举等。重点观察各部位动作的到位、熟练、准确程度等。

②下肢步法练习，弓步（前后、左右）、开合跳、钟摆跳等练习，弓步膝盖不超过脚尖，脚离地后脚尖是否绷直，两腿并拢关合程度。

③上下肢结合训练，采用上肢动作与下肢动作相结合用于教学与训练。

（二）合理地运用教学示范

示范是一种重要的体育教学手段，通过示范，可以让学生对动作有一个正确完整的认识，从而快速地掌握动作。所以，示范动作一定要路线清晰、技术标准、体态优美。要以做徒手体操时的队形为基础来选择示范的位置，比如，长方形或正方形的队形，教师应该站在与头排横队形成等边三角形顶点位置；而圆形或半圆队形，教师则站在弧形的直径中间位置。若有较多的人，教师可站在较高的台子上进行示范，以方便学生观看老师的演示。根据教师面向学生的方向，示范分为正面示范、镜面示范、背面示范、侧面示范。根据动作的教学形式，示范可分为讲解示范、分解示范和完整示范。

1. 正面示范

教师面向学生做示范动作，其运动的方向是学生的反方向。一般在教授一些比较简单的动作时，教师最开始采用的是正面示范。其优势在于，学生可以清楚地看见老师的动作，老师还可以随时观察到学生的反应。

2. 镜面示范

老师面向学生做反向动作，就像镜像动作一样，学生看老师的完成动作像是照镜子一样。其动作路线比较简单，通常在额状面左、右方向完成的动作，便于学生观察模仿。教师面向教学对象可以直接观察到动作完成情况，精准看出动作的问题。对于矢状面前后完成的比较复杂的动作，不适合采用镜面示范。

3. 背面示范

老师背对学生进行教学，主要用来指导动作路线、动作方向以及复杂动作。学生可以较好地跟随教师来模仿练习，但不易于教师对学生的练习情况进行观察，可采用与镜面示范相结合的形式进行教学训练。

4. 侧面示范

老师侧身面向学生进行教学，通常用来展示矢状面前后方向运动的动作。例如踢腿动作、前后弓步、体前屈类动作、腹背动作等，可采用与背面示范相结合的形式进行教学训练。

5. 讲解示范

教师讲解动作要领的同时完成动作示范，通常在展示新动作或是强调动作技术的教学过程中。常与镜面示范同时配合教学。

6. 分解示范

常用于教授重点或难点技术动作、动作路线较长、技术节拍较多的动作时，一般采用先分解示范，由上至下，即上肢动作、腰腹动作、下肢动作，最后是脚上动作的示范。或是分小节讲解练习，即两拍动作、四拍动作或是八拍动作分解示范。分解示范后运用完整示范。

7. 完整示范

一般是在分解示范后，再将动作组合衔接起来进行完整示范教学。强化动作的协调性、连接性和完整性。

（三）正确地选择教学讲解

在徒手体操教学中，对动作名称、动作部位、动作过程、动作要领、动作规范等进行主要说明。[1] 讲解法是一种以语言表达为主的教学方法，它以简洁的语言将动作的做法、过程、方向、路线、要领、规格等阐述清楚，从而加深学生对动作的理解。

1. 讲解的目的

讲解的目的在于让学生清楚地认识到技术动作中的要点与难点，从而加深对技术动作的认识。

[1] 王伯华．基本体操（第 1 版）[M]. 杭州：浙江大学出版社，2004:1-5.

2. 讲解的内容

讲授要有针对性，讲授的语言要简洁、生动、易懂，做到“少而精”。

3. 讲解的顺序

一般先讲下肢动作，再讲上肢动作，最后讲躯干动作。

在讲解过程中，教师要强调重点，特别要强调动作所经过的路线和规格要求，不能讲得太过详尽，也不能讲得太全面。在讲解的时候，还需要恰当使用术语，并与演示进行紧密结合，这样才能让学生的视听器官发挥出最大作用，从而使教学效果得到提升。在教学中，示范、讲解、练习、跟做等方法的顺序和组合形式多种多样，要按照体操的难度、学生的基础和接受能力进行具体教学，使教学的顺序和组合丰富多彩。[1]

4. 讲解示范相结合

在徒手操教学中，讲解与示范应有机结合，可依次进行或同步进行。比如只示范不讲解：该方法适用于比较简单的徒手运动。老师先进行示范，再进行整体示范，然后领做，学生跟着老师的动作和节拍进行练习。先示范后讲解：在做一些稍有难度的徒手体操时，教师先要做一个完整的示范，再对动作的位置和过程进行简要说明，最后再由老师示范、领做，并与学生一起进行练习。边示范边讲解：教师先要做一遍完整的示范，然后一边示范一边讲解，还可以让学生跟着教师的示范和讲解一起练习。这样，可以充分保证学生的观看视角，协调各视听器官与肢体动作的灵活配合。

（四）准确运用口令和提示

1. 节拍口令的运用

节拍口令是对徒手体操的节拍、节奏、强度、速度、起止点等进行指挥的号令。口令的好坏，直接关系到完成动作的效果。[2] 在口令的运用上必须达到以下要求：

（1）口令响亮、口齿清晰、节拍准确。节拍口令的语速根据动作速度、掌握的熟练程度及具体的锻炼部位来调控。匀速口令，一般运用于头部运动、伸展运动等；慢速口令运用于腹背运动、体转运动、体侧运动等；快速口令则运用于跳跃运动。

---

❶ 王伯华 . 基本体操（第 1 版）[M]. 杭州 : 浙江大学出版社，2004:7-33.

❷ 韩宏飞 . 现代体操教学理论与方法 [M]. 北京 : 北京体育大学出版社，2001:220-224.

（2）口令音量的大小、用力要求，强、弱拍的指令。例如，跳跃运动的节奏和速度应轻快；4 拍动作中，2、3 拍动作较有力，要加强重度，提速加重音调；1、4 拍动作轻柔，降低强度，就应平缓速度然后降低音调。

（3）口令的轻重，长、短音。如全身运动的口令要绵长、平缓。

2. 提示口令的运用

提示口令是教师在进行徒手体操教学训练时，加以精简的文字来说明训练要求，便于学生更好地完成动作。它是在节拍口令的基础上，以重点提示对完成动作的一些要求，使其节奏与节拍口令保持一致。通常情况下，它会用简单的语言来代替，以此来突出动作的要点，或者对错误动作进行纠正，从而达到提示的效果。如体转运动可喊“一、转、三、落、后、跟、踩、实”。或是用来提示重复动作和下一动作。例如，“五、六、重、复”或“五、六、全身、运动”。

（五）丰富教学形式

徒手体操是一种比较简单的运动，在不断的训练中，很容易出现倦怠感，而且部分长期特定部位的训练，也容易造成局部肌肉疲劳。针对这一现状，笔者提出了一种解决方案，即采用多种教学方式，以激发学生的学习热情，提高学生的综合素质。

1. 注重新颖，灵活运用练习方式

初学徒手体操，先掌握基础动作，每个节段尽量不要选择太多变化和太大难度。随着训练时间的延长，训练程度的提高，学生们在熟练掌握一组动作之后，难免会出现疲劳情绪，从而丧失了训练兴趣，训练也变得松懈。因此，老师们应该在动作的编排上做搭配组合设计，并在动作的难度和变化方面进行改进和更新。慢快速练习：采用不同的节拍进行动作训练，能提高动作的精确度，并能改变动作的强度。4 个八拍动作，第 1、3 八拍喊“快速节拍”，第 2、4 八拍喊“慢速节拍”。小组合班练习：小组训练经常被用来纠正错误或进行教学考核。学生口令练习：在教师统一指挥下，让学生边喊口令边做动作。

2. 千变万化，选择多样的练习队形

变换阵型，能使训练更有新意。根据教学场地的环境条件、硬件设施，教师可进行长方形、正方形、三角形、圆形等队形的训练。以原地徒手操为基础，也可采用并列队形、行进间移动、蛇形走位、穿插互换等队形。复杂队形的变换，教师可先借助多媒体设备向学生展示编排队形，建立队形变化顺序，做好场地定位标记，提前安排重点站位人员等，这样便于开展教学，提高练习效率，顺利完成教学任务。

3. 对症下药，明确教学方式

在徒手体操教学过程中，教师除了要不断地变换动作、队形外，还应结合基础教学内容，在动作的编排上，应合理地安排有关部位的徒手体操练习或专项性的动作训练。比如，在进行跳远项目教学时，腿部力量应安排专向性的徒手体操动作训练，还可根据训练效果适当增加练习。另外，在进行徒手体操教学时，也要因时因地而异。比如在寒冷的冬天，徒手体操的动作可以复杂一些，锻炼强度可以适当增加；在夏天，难度或运动量可以稍微减少，以适应天气条件。

4. 监督评价，组织教学检查或比赛

在进行了一段时间的徒手体操练习之后，教师可以采取抽查或集体考核的方式来检验练习效果。考试时，一般以 5 ～ 6 人为一组，根据个人和小组的完成情况来评分。通过分组、班级、年级等形式的对抗赛，可以充分调动学生的学习积极性，提高学生的学习效果，增强班级凝聚力。

5. 活跃氛围，融入音乐教学法

在徒手操教学中融入音乐，能调动学生的积极性，增强他们的节奏感。在音乐选择方面，老师应该做好准备工作，所选的乐曲在节奏和速度等方面需符合动作的特点和幅度等，如果包含说唱部分，还需对语言内容严格把关，严禁选择含有不健康或暴力元素的音乐。一般在复习和动作练习过程中，教师可使用音乐来代替口令或手势指挥。

（六）恰当地运用纠错方法

徒手体操的动作比较简单，但是身体姿势、动作部位、动作过程、路线、速度等方面是否准确，对教学质量和训练效果有很大影响。所以，在教学中，老师要时刻关注学生的训练状况，对其进行严格规范，如有错误，要及时改正。一般来说，纠错方法分为教师引导为主的个别纠正法、集体纠正法、正误对比法；学生自查为主的个人纠正法、双人或多人纠正法。

1. 个别纠正法

集体训练过程中，当发现个别同学的动作出现了错误，老师应该马上进行正确示范和讲解，一般发出指示性的口令或给予暗示指出动作错误的姿势或部位。通常不暂停集体练习，确保整体的练习效果。

2. 集体纠正法

当多数学生犯共同性错误时，教师应该暂停练习，对错误动作进行集中讲解示范，在分散练习时检查练习效果，可反复进行，直至大多数同学能够掌握正确的技术动作。主要采用提示动作要领、慢速示范或错误动作比较示范、引领示范等方法来纠正。

3. 正误对比法

对于错误的动作，教师还可以通过正确动作的示范来进行对比，让学生在正误对比中主动思考，更好地判断错误动作的部位和姿势，从而掌握正确动作。通常而言，对于反复出现的错误动作，或是让有错误动作的学生展现出来，并加以纠正，从而促进他们对错误动作的重视。

4. 个人纠正法

对于动作的到位程度、规范性和集体一致性，学生可通过对镜练习、观看录像动作等形式进行自我检查纠错。

5. 双（多）人纠正法

在徒手体操训练中，可以采用两人一组或多人一组的配合形式，相互检验，相互改正。

二、徒手体操教学的要求

（一）注重理论知识的积累，科学编排教学内容

教师要全面系统地掌握徒手体操的基本理论知识和教学技能，根据教学任务和学生的基础，科学选择徒手体操的教学内容。例如在进行热身训练时，要选一些容易掌握、便于调动身体机能的基本动作；要想培养学生的身体协调能力，应该选择一些比较复杂的身体各个部位的运动；要突出项目的特色方面，应该安排一定的专项性准备练习等。

（二）调动学生主观能动性，突出重点、精讲难点

教师必须了解各节徒手体操动作的重点、难点，并根据学生的特点，选择不同的教学方式。比如，对幅度大、速度快的动作可以采取慢速练习方式，对复杂动作可以采取分解教学方式，目的是让学生能够快速地、规范地、准确地掌握这些动作，以确保达到最佳的练习效果。与此同时，在教学过程中，教师应该调动学生的主观能动性。可安排不同的同学带操练习，在同学掌握了一定技能技巧后进行规范术语讲解教学，提高学生的教学组织能力。

（三）注重考虑教学效果，严格安排课堂练习

在徒手体操训练过程中，教师一定要对学生身体的基本姿势、动作的标准程度高要求，这是提升示范水平和提高教学质量的重要保证。为了调动学生的学习热

情，教师在教学中要注意发掘他们的长处，适时地给予肯定或赞扬，从而增强他们的学习自信，提高他们的学习热情。在练习过程中，对于一些错误要及时改正，以确保训练的精度，提高练习效果。

三、徒手体操教学的注意事项

（一）规范着装

教师提醒学生做好课前准备，检查学生是否着运动服、穿运动鞋，可以避免在课堂练习时，因不规范着装引起安全问题。

（二）检查练习场地

考察教学环境，提前检查练习场地，保证场地平整，无碎石、杂物和积水等，防止扭伤、滑倒等意外事故发生。

（三）适量的运动负荷

在训练过程中，首先进行学情分析，根据学生的水平、年龄、性别及课堂教学目标，对训练难度、训练时间及训练负荷进行科学选择，这样才能确保训练的顺利进行，按时完成教学任务。

（四）有效的队形调度

队形是教学内容的重要组成部分，有效的队形调度，有利于学生专注课堂、积极练习、融入团队。定位操的队列形式有：长方形、正方形、菱形、圆形、半圆形、弧形、八字形、蛇形等。在教学实践过程中，教师应依据教学目标、任务、环境、气候、场地、对象等选用。

复习思考题

1. 简述徒手体操的特点和作用。
2. 简述徒手体操的内容和分类。
3. 简述徒手体操术语的构成与记写方法。
4. 简述徒手体操的教学特点和注意事项。

第四章　轻器械体操

主要内容

轻器械体操是在徒手体操的基础上，手持体操棍、实心球、跳绳、哑铃等轻器械以体操方式进行的身体练习。主要特征为：训练内容丰富、训练设备齐全、训练方式多样。[1]轻器械体操不仅能进行单人练习和团体训练，还能参加演出和竞赛。在训练过程中，要充分运用不同的器械练习身体部位，培养正确的姿态，塑造良好的体形，发展身体素质，提高身体机能。

本章主要介绍了体操棍、实心球、跳绳、哑铃等轻器械体操的动作练习方法、动作游戏及教学方法，有助于练习者掌握各类轻器械体操练习方法，提高练习兴趣和积极性。

教学目标

1. 了解各类轻器械体操练习方法。
2. 掌握各类轻器械体操教学方法。

第一节　体操棍

体操棍练习是以徒手体操为基本动作，双手握体操棍完成基本动作。体操棍的材质通常是木质，它的长度在 1 ～ 1.2m，直径在 2 ～ 2.5cm，一般幼儿体操棍稍微短一点。如果没有特制的木棒，也可以用竹竿、塑料棒来代替。

---

[1] 吕万刚，胡建国，宋文利．体操［M］. 北京：北京体育大学出版社，2007:13-14.

一、握棍方法及部位

（一）握棍方法

正握、反握、正反握、交叉握、正翻握。换握方法：离棍换握、滑动换握、转臂换握、转棍换握。

（二）握棍部位

握两端、握一端、握中间、握同肩宽、握 1/4 或 1/3 处，一手握棍端，另一手握中间或 3/4 或 1/3 处。[1]

二、体操棍练习的特征和功能

①以体操棍为参照物，对某些身体部位进行针对性练习，如双手握住体操棍，通过调整握距，进行转肩训练，从而提高肩关节的柔韧性；手握体操棍于体前，双脚前后往返跳过体操棍，增强腰腹的控制能力；持棍体前左右摆动，单腿或双腿异侧跳跃，锻炼肢体的灵敏度。

②以握体操棍不同部位，改变体操棍对身体的影响作用。增减运动强度、调整动作幅度。例如单手持棍、双手持棍、手持棍两头、手持棍一头等。

③以体操棍与身体不同部位的配合，调整动作难度，激发学生的挑战心理，加上动作配合，提高学生练习兴趣。

④以体操棍棒进行武术、击剑、刺杀等模拟动作，提高学生的学习能力，培养学生对该器械的兴趣。

三、持体操棍的动作

（一）持棍立正

右臂下垂，右手拇指与食指握棍一端靠于右肩前，其余三指贴于棍身。

（二）持棍稍息

左脚侧出一步，同时右手压棍，使棍的上端落下轻放于左脚尖前地上。

（三）持棍行进

右手持棍方法同持棍立正，行进时，右臂不动，左臂自然摆动。

（四）持棍下垂

两手正握棍（与肩同宽），两臂自然下垂，棍在体前成直立姿势。

---

[1] 韦广忠，郑湘平．基本体操理论教学与实践（第 1 版）[M]．武汉：湖北大学出版社，2006:32-33.

（五）持棍做上肢动作

用一只手或双手握住棍子，做举、摇、屈、伸、摆、绕、绕环等上肢运动，可以让棍子横着、竖着、斜着；也可以两手持棒，以前后顺序或同时转肩膀。

（六）持棍做下肢动作

做举、屈、伸、蹲、弓步和跳跃动作。

（七）持棍做躯干动作

例如弯曲、旋转、绕环等。通常，下肢和躯干动作与上肢运动相结合。

（八）举棍动作

①前举：双手向前（或与肩同宽）握棍；双（单）手握棍一端向前举起，双（单）手向前棍向上；握棍两端（或与肩同宽）屈臂胸前举；握棍两端（或与肩同宽）一只手在上，一只手抬起，另一只手在下，棍竖直。

②侧举：单手持棍一端抵肩，另一只手伸直握棍侧举；双手各握一端侧举（或棍向上）。

③上举：握棍两端（或与肩同宽）上举；双（单）手握棍一端上举；双手各握一端侧上举。

④后举：握棍两端（或与肩同宽）后举，双手各握一端后举；握棍两端（或与肩同宽）屈臂头后举；单手持棍一端抵肩，另一只手伸直握棍后举。

⑤下垂：握棍两端（或与肩同宽），手臂伸直，棍体前（后）下垂。

⑥中间部位动作：握棍两端（或与肩同宽）前上（下）举；双（单）手握棍一端前上（下）举、侧上（下）举；握棍两端（或同肩宽）前举，一手在上，棍倾斜；握棍两端，一臂上举，另一臂侧举，棍倾斜；单手持棍一端抵肩，另一臂伸直，握棍侧上（下）举、后下举。

（九）持棍绕和绕环的动作

①小绕和小绕环：持棍，通过手腕的转动来做动作，比如单（双）手握棍一端向前（上）举，棍在手外向前（后）绕和绕环；单手握棍一端侧举，棍在手前（后）向上（下）绕和绕环；单手握棍一端上举，棍在手前（后）向左（右）绕和绕环。

②中绕和中绕环：单手握棍一端（中间），臂在前（上、侧）举中，以肘关节为轴向各方向做绕和绕环。

③大绕和大绕环：握棍两端（或与肩同宽），以肩关节为轴向左（右）绕和绕环。

（十）限制性动作

双手握住体操棍，通过调整握距，依次或同时向前（后）进行转肩训练；手握体操棍于体前，双脚依次或同时向前（后）往返跳过体操棍；持棍体前，单腿左右异侧跳跃。

（十一）模拟动作

以体操棍棒进行武术、击剑、刺杀等模拟动作。

（十二）双人动作

双人协同动作，比如两人同时握一（两）棍，做体前、侧、后屈；双人助力动作，比如一人握棍体前屈，另一人体侧帮他压背；双人对抗动作，例如两人同时握一（两）棍，互拉（推、扭）棒等。

四、体操棍游戏示例

（一）转肩传递棍

1. 目的

加强肩部的柔韧性，培养团队合作意识。

2. 准备

各组成一路纵队（前后一臂距离）站好，各组排头双手体前各持一体操棍。

3. 方法

游戏开始时，每组第一名同学，握棍向后转肩将棍交给后一名同学，后面的同学依次重复第一名同学的动作，最后一名同学完成动作后跑到排头，先结束的组为胜。

4. 规则

①将棍转肩传递过程中，两手伸直握住棍端，不得屈肘。

②前一人握棍转肩必须至背后，后一人方可接棍。

5. 教学提示

棍子的长度要根据学生的具体情况来选择，开始之前要做好肩部的热身运动。

（二）持棍推球接力赛

1. 目的

提高学生上肢的控制和协调能力。

2. 准备

将学生分成若干小组，每组人数相等，分别成纵队站在起跑线后，每组排头的同学用双手持体操棍上端，另一端准备推实心球。

3. 方法

比赛开始时，每组第一名学生快速地用棒顶着球向前移动，绕过标尺后回到队伍中，把棍递给下一名学生，并跑到队伍的末尾站好。依此进行直到最后一名同学完成，先结束的队为胜。

4. 规则

①推球过程中，只能用棍去触球，否则犯规。

②两队如都有犯规者，以犯规少的队为胜。

（三）单脚跳棍接力

1. 目的

提高学生的弹跳力及下肢力量。

2. 准备

将体操棒排成两列横置于地面，每列 10 支，间距为 1m。分两个小组，同学们站在起跳线后。

3. 方法

两个小组，每个同学单脚起跳，依次越过体操棍后，再返回起跳线，后一个同学依次完成，最先结束的小组获胜。

4. 规则

①跳越体操棍时每跳一次只能越过一根体操棍。

②跳越过程中不得用脚接触体操棍、不许换脚。

（四）单手托棍跑接力

1. 目的

提高学生速度和平衡能力。

2. 准备

将学生分为两个人数相等的队，每队又分为 A 和 B 两个小组，各成一路纵队面相对站立，每队中 A 组的第一名同学用掌心托着一根体操棍（保持直立状态）。

3. 方法

比赛一开始，每队 A 组的第一名学生手托着棍向 B 组跑去，把棍递给 B 组的第一名同学，然后站在 B 组的队尾。B 组的第一名同学托着棍跑向 A 组，将棍递给 A 组的第二名同学，以此类推，直到最后一名同学完成接力为止，先结束的队伍获胜。

4. 规则

①中途掉棍者，应立即停下待重新将棍托好后再跑，否则为犯规。

②在跑过线之后进行交接棍，否则为犯规。

③两队如都有犯规者，以犯规少的队为胜。

（五）跨棍传棍接力

1. 目的

锻炼学生腿部的柔韧性与延展性。

2. 准备

各组成一路纵队（前后一臂距离）站好，各组排头双手体前握棍两端。

3. 方法

比赛开始时，各组排头双脚依次从棍前跨过，然后转身将棍传给下一个同学，直到将棍传至排尾，排尾接棍完成动作后再跑到排头，先结束的队获胜。[1]

4. 规则

①跨棍时双手不得松开棍。

②前面的同学双脚都跨过棍转身后，后面的同学才能接棍。

五、体操棍的教学

体操棍法也叫棍操或棒操，是一种以徒手体操动作为基础，持棍完成徒手体操动作的轻器械体操。利用棍来完成肩部练习，能提高关节的灵活性；不同的握棒姿势，能增加臂部的持棒力；改变棍和身体各部分动作的协调配合，能增强身体的协调性；利用木棍进行模拟训练，不仅能增强学生对训练的兴趣，还能纠正学生的体态，从而促进身体健康发展。

（一）教学内容

体操棒的长度是有限制的，因此在训练之前，教师需要对场地进行规划，并且要扩大学生队列之间的间隔。最重要的一点是，要着重强调纪律，严禁学生不听指令挥棍，避免发生危险事故。

具体教学内容：

①如何持棒，握法：正握、反握、正反握、交叉握、正翻握。换握方法：离棍换握、滑动换握、转臂换握、转棍换握。单人持棒的基本动作，如持棍立正（稍息、行进）等。

---

[1] 麻雪田，吕世杰，琨炎．基础体操体育游戏［M］. 北京：知识出版社，1998:79-80.

②教授动作，由上而下，先教上肢动作，再教下肢动作和躯干动作，还可以加入较难的限制性动作、模仿性动作等。遵循由简到繁、由易到难的原则。

③注意热身部位的专项性练习，要有一定的柔韧性、灵活性和弹跳力的训练，需要做好充分的准备，避免肌肉和韧带拉伤，避免摔倒。

（二）双人体操棍动作的教学

双人动作考察两人协同性和一致性，首先，两人可以依次交替握棒训练，培养对器械的熟悉感；其次，逐步进行柔韧性练习，包括对上肢和腰部等部位；再次，进行转体、头上、髋下的训练；最后，组合各部位的练习（助力训练、对抗训练和协力训练）。

（三）体育游戏的组织

在进行体操棍游戏教学时，教师可以采用对抗类、接力类、集体类等，锻炼学生的身体素质、团队协作能力、个人组织能力等，但要强调纪律问题，避免发生伤害事故。

第二节　实心球

实心球是由柔软的、比较精细的材料，如棉花、布、沙等制成，并被包裹在一个皮质或橡胶的外壳内。它的体积和重量都是固定的，球的直径为 20 ～ 30cm，重量分为 0.5kg、1kg、2kg。在练习的时候，要根据练习对象和任务来选择球的重量和大小。根据参与人数，可以分为一人、两人或多人完成。

一、持球方法

（一）单手持球

单手体侧持球，用单手托球下部，掌心向上，前臂放于体侧；单手肩上持球，用手压球前上部，将球夹持在前上臂之间，并放于肩上。

（二）双手持球

两臂下垂，双手五指自然分开两侧握球，或者双手体前（后）持球、双手胸前持球等。

（三）双脚夹球

用脚内侧夹球。例如直立两脚夹球、直立坐两脚夹球等。

（四）持球行进

持球运动方式与单手握球相同，右手持球于体侧，在运动过程中，左臂自然摆动。在行进中，可以用单（双）手持球，做上（下、躯干）肢动作。

二、传递球练习

（一）单人练习

单手将球在自己的颈、腰、腿等部位传递至另一手。

1. 绕颈传递

一手托球绕至颈后，另一手由颈后接球绕至颈前。

2. 绕腰传递

一手托球绕至背后，另一手由背后接球绕至胸前。

3. 绕单腿传递

分腿站立，上体前屈，左手托球从左腿外侧经腿后从胯下传给右手，再由右手托球从右腿外侧经腿后从胯下传给左手，完成一个“8”字绕单腿的传递路线。

4. 绕双腿传递

上体前屈，一手托球绕至后腿，另一手由腿后接球绕至体前。

5. 举绕传递

站立，左（右）手托球从左（右）腿踢腿后经腿下传给右（左）手。

（二）双人传递练习

站姿可以是面相对、背相对，身后站立可以是朝向某个方向；可以单手传球，也可以双手传球；可以依次传球，头顶、胯下、身体两侧传接球；或交叉传球，把球从头顶到胯下，从身体左边到右边传接球。

（三）多人传递练习

多人练习一般在五人以上成纵队、横队或圆形，可以将球通过头上、胯下、体前、体后、体侧等依次传递。

三、抛接球练习

单（双）手把球扔到半空中，然后用单（双）手接住，这就是抛接球的训练，也可以用两只脚夹住球，然后抛接。

（一）单人抛接球练习

可以采取原地、走动、跑动、跳起、转体等形式，进行单双手抛接、单抛双接（双抛单接）、体前抛体后接（体后抛体前接）的练习。

（二）双人抛接练习

可采用面对、侧对、背对站立方式，用单手或双手胸前、头上、肩上、体侧的抛接动作。两人面对面，采用胸前、头上、肩上的双手或单手抛接。两个人同一面向前后站立，当第一个人把球扔向身后时，第二个人（后边的人）把球接在。接着两个人转身，轮流做动作。[1]

四、实心球游戏示例

根据实心球的特点，采用多种练习方法，遵循一定的游戏规则和要求，以小组比赛的方式熟悉球性。例如集体搬运球比赛、集体传递球接力、脚带球接力、定位球绕行或跳越比赛等各种体育游戏。

（一）搬运球接力

1. 目的

提高学生团结协作能力。

2. 准备

将学生分成人数相等的两队，各成一路纵队站在起跑线后，各队第一名同学两手持实心球。

3. 方法

比赛开始后，每组第一名学生持实心球快速跑出，在经过标志物后，再回来把手里的实心球传给第二名学生，以此类推，哪组最先跑回起跑线，哪组就是胜利者。

4. 规则

①中途掉球者，应立即停在原地，将球捡起后，再继续跑。

②必须跑回起跑线，再传给下一名同学。

（二）传递球接力

1. 目的

增强学生的身体柔韧性，培养集体意识。

2. 准备

将学生分为两个（或多个小组）组，每个小组成一路纵队，分脚站立（前后间隔一臂），每个小组的第一名都拿着一个实心球。

3. 方法

比赛开始后，第一名同学从头上向后将球传给第二名同学，第二名同学接球后，从胯下向后将球传给第三名同学，第三名同学接球后，从头上向后将球传给第四名同学，以此类推，直到最后一名同学接球后，持于胸前，从队伍的左侧跑到排

---

[1] 王伯华 . 基本体操［M］. 杭州：浙江大学出版社，2004:1-5.

头起始线，先结束的队为胜。

4. 规则

①在传递球时不得有抛球动作。

②必须按顺序传递球，不得越人传递。

③传递时如球掉地上，应由前一名同学捡起再完成传球动作，下一名同学才能接球。

④必须按规定方向进行传接球。

（三）持球跨越球接力

1. 目的

锻炼学生的跳跃能力、腿部柔韧性，培养团队合作意识。

2. 准备

将学生分成两组，每组按一路纵队分腿站立，队尾的最后一名同学做好持球出发的准备。

3. 方法

比赛开始后，最后一名学生拿着球，从本队的左侧往前跑，跨过预先放置好的球，一步跃一球，越过端线后，将球放在预先放置在地面上的方筐里，并拿好另一个方筐放置好的球，然后快速沿着原来的路线和方式跃球返回，再将球从第一名学生的胯下向后抛出至队尾的同学，然后队尾同学持球重复之前的动作，每人都必须完成一次动作，最先结束的队伍获胜。

4. 规则

①一次只能跃过一球，不能一次跃过多球。

②跃球时，不得触碰球，如把球踢歪，须把球摆回原位，跃过后再继续进行。

③不得抛球入筐，必须把球放稳再返回，否则为犯规。

（四）夺球快

1. 目的

培养学生的灵敏度和反应能力。

2. 准备

在操场上，同学们围成一圈，面朝圆心，把实心球放在圆圈中央（实心球少于圈内人数）。

3. 方法

比赛开始后，在教师统一口令下，学生在圈外做各种练习（齐步走、跑步走或单脚跳），当听到教师发出“夺球”的口令时，迅速夺一实心球在手，未抢到的学生进行适当惩罚（尽量选择身体素质训练），结束后学生把球放回地上，游戏重新开始。

4. 规则

①在教师发出“持球”口令前，任何人在队形上做动作，不得触球。

②夺球时，一人只能拿一个球，不能一人拿多球。

（五）仰撑运球

1. 目的

提高学生上、下肢力量。

2. 准备

将学生分成两组，每组成一路纵队，站于起跑线后，第一名学生都仰面支撑收腹，在腹部上放一个实心球，做好准备。

3. 方法

比赛开始后，每个队伍的排头都是仰撑带球爬动行进，绕过前面的标志物再回来，然后把球放在做好仰撑准备的下一名学生的腹部上，再向前爬动，以此类推，直至每名学生做完为止，先结束的队获胜。

4. 规则

①爬动过程中，保持腹部上的实心球的平稳，如掉地，立即停下，将球捡起放好后方可继续爬动。

②运球学生必须在返回起跑线后才能将球放在下一名学生的腹部。

五、实心球的教学

运用实心球进行练习是一项轻负重运动，它能加强上下肢和躯干部分的肌肉核心力量。由于实心球的质量大小不一样，教师可以针对学生的年龄、性别、体能状况，选择不同的质量进行训练。实心球的练习有很多种，包括定位球练习、传递球练习、抛接球练习，还可以进行竞赛性游戏和专门性力量素质训练。

（一）定位球的教学

在实心球教学中，教师首先要做的就是在场地上进行持球训练，具体持球方法有：单手持球、双手持球、两脚持球。其次，做单人动作的持球练习，包括上肢动作、下肢动作、躯干动作、全身动作和跳跃动作等。动作的设计跟徒手体操差不多，但是由于有重量，所以动作不能太难，也不能太复杂。

（二）传递球的教学

单人定位球练习后，可进行双人及多人传递球练习，包括转体传递、单手侧向肩上（或腿下）传递、双手头上或胯下传递等练习。在传球时，要注意传球的方向，对方的接应位置，传球的时机与速度。在传球过程中，双腿要保持一定距离，这样可以更好地保证身体的稳定。当两手拿球的时候，五指要自然分开，手臂要做好伸屈缓冲。

（三）抛接球的教学

抛接球要困难一些，不仅要投得准，还要拿得稳。可以单手或双手抛接，也可以两脚夹球抛接。初学时，可二人共用一球，熟练后，可二人同练两球。在进行实心球训练时，教师要重视对学生全身各部位的运动量，同时使肌肉处于张弛有度的状态。教师讲解示范时，同学要把球放在自己的脚下，一是避免发生伤害事故，二是避免注意力分散。

第三节　跳绳

跳绳分为两种，一种是短绳，另一种是长绳，单人跳的绳长 2 ～ 2.3m，双人和三人跳的绳长 2.5 ～ 3m。跳绳运动可以提高人的弹跳力、下肢力量、协调性和有氧耐力，对运动器官特别是心血管和呼吸系统有很好的促进效果。

一、跳绳练习的种类

在跳绳练习中，跳法和摇法千变万化，再加上方向的改变，它的内容非常丰富，通常可以把跳绳练习分为如下几类。[1]

1. 跳短绳

单人跳、带人跳、双人挑、多人跳等。

2. 跳长绳

跳单绳、跳双绳（十字交叉绳）、跳多绳、长短绳等。

3. 绳操

身体部位动作和成套动作。

4. 跳绳游戏

①花样赛：在规定的时间内看谁的花样跳得多，如单腿跳、并脚跳、双脚交换

[1] 王伯华 . 基本体操（第 1 版）[M]. 杭州 : 浙江大学出版社，2004:57-61.

跳、单腿垫跳、高抬腿跳、交叉臂摇跳等。

②计时赛：各种跳法的接力赛，看哪组在最短时间内先完成。

③记数赛：在规定时间内，看谁跳的数量多，包括单摇、双摇等。

二、跳短绳练习

跳短绳一般有单人、双人和三人练习三种。单人跳绳的长度通常为 2 ～ 2.3m，两个人或三个人绳的长度通常为 2.5m。

（一）持绳准备

单人跳绳时，双手握住绳头，绳体前下垂触地，一只脚踩在绳的中间，然后屈肘，大臂夹于体侧，手持绳头将绳拉直，将绳长调节至齐肘高。

（二）持绳行进

将绳对折 3 次，右手握绳向前行进。

（三）摇绳方法

双手握住绳头，双臂自然屈起，双手略微向外张，以腕为轴旋转绳子。有前摇绳、后摇绳、交臂摇绳、“8”字摇绳（双手握住绳端，前后摇绳，形成一个“8”字）等。

（四）停绳方法

前摇绳结束时，一只脚向前伸出，脚跟在地面上，前脚掌翘起，将绳摇至脚底，脚踩绳停住；后摇绳结束时，前脚掌踩在地面上，脚后跟翘起，将绳摇至脚底，脚踩绳停住。

（五）跳绳基本方法

任何跳法均用前脚掌或全脚掌过渡到前脚掌蹬地跳动，并用前脚掌或由前脚掌过渡到全脚掌着地。各种跳法可用前摇、后摇、交叉臂摇进行。基本跳法有双脚垫跳和连跳、单脚垫跳和连跳、交换脚垫跳和连跳、跳绳跑、双脚单脚双摇跳和多摇跳[1]。

（六）跳法变化

1. 单人摇跳绳练习（一人跳）

最基本的跳法有：单脚垫跳与连跳、双脚垫跳与连跳、互换脚垫跳和连跳、跳绳跑、双脚或单脚双摇跳及多摇跳。在基本跳法上可以变化完成后踢腿、高抬腿、

---

[1] 体育院、系教材编审委员会《体操》编写组.体育系通用教材·体操［M］.北京：人民体育出版社，1985:317-326.

前踢腿、分腿、屈腿、蹲等多种跳法。可用在前摇、后摇、交臂摇进行。

2. 双人跳练习（二人跳）

两人面对面、重叠和并排站立，一人摇绳跳，另一人跳进、跳出；二人并立同摇跳和二人并立一人助摇另一人摇跳。动作可采用基本跳法和变化跳法。

3. 三人跳练习

一名学生摇动跳跃，另外两名学生或同时或顺序地跳入跳跃，或跳出跳跃。出入时可以两个人在前面，一个人在后面，另一个人在前面；一位助跑，二位助跑，等等。动作可以采取基础跳或变形跳两种方式。[1]

三、跳长绳练习

绳长要求 5m 左右，其长度可根据人数来决定，两人各持一端，相距合适的距离，面对面同时摇绳。

（一）摇绳方法

一种是摆荡摇绳，左右摆荡绳子，倾斜角度不超过 45°；另一种是转身摇绳，两人同时摇绳向相同方向绕环。方向有“正摇”和“反摇”。

（二）跳绳方法

跳长绳的方法有跳单绳、跳双绳、跳多绳、跳长短绳。

1. 跳单绳

两人摇一长绳，一人或多人跳过或跑过。过绳时，一般跳一次出绳，也可以连续跳跃，也可以反复跳跃再跑出，也可以两人及以上从不同方向跑进、跑出。

①跑进方法：当摇绳至最高点时，跑进绳中不采用跳跃形式。进绳方向，以绳正面或是斜向进入。

②跳出方法：跑进绳中，并跃过一次绳即跳出，包括一个人从不同的方向跑入，用单脚、双脚、换脚、屈腿、分腿、转体等任意一种跳法跳过一次后跑出。两个或两个以上的人牵手跑进，以抛接、击掌或同步的动作，在不同的动作之间跳过一次后跑出。[2]

③连跳方法：跑进连续跳跃多次后跑出，包括一人连续同一动作或不同动作跳；二人连续同步动作或不同动作跳；一人或多人定时或定数连跳；跳动中还可做对抛接、对击掌、加转体、技巧性动作等。

---

[1] 全国体育学院教材委员会 . 体操［M］. 北京：人民体育出版社，2007:53-68.

[2] 全国体育学院教材委员会 . 体操［M］. 北京：人民体育出版社，2007:53-68.

2. 跳双绳（交互跳）

摇绳者面相对站立，距离适中，双手各持平行的两长绳的绳头，一人口令，有节奏地同时向内或向外轮流摇转，一人或两人跑进完成各种跳法后跑出。

3. 跳多绳

跳多绳指的是在双绳的基础上，添加了两根以上的数量，一人或多人跑进完成各种跳法后跑出。

4. 跳长短绳（混合绳）

混合绳指的是两个人一起摇动一条长绳，练习者拿着一条短绳。当长绳被摇起至最高点时，练习者就会跑进，在自己摇动短绳的同时，还需跳过长绳，展开完成各种跳跃动作，并且要保证短绳和长绳节拍一致。

四、绳操

将绳子对折二折、三折或四折，利用绳子在徒手操的基础上在原地或行进间加以器械完成动作练习，要充分利用软器械和摇跳的特点。

五、跳绳游戏示例

（一）单脚跳迎面接力跳

1. 目的

增强双腿的力量及身体平衡控制力。

2. 准备

把同学们分为两个等量的队伍，每队分为 A、B 两个小组，每个小组都排成一路纵队，分别站在操场两侧。每名同学拿着一条短绳，双手抓住绳头，绳子从两个肩膀后面勾在左（右）脚小腿上，双手把绳头拉到胸前，形成一个右（左）脚支撑的姿势。

3. 方法

比赛开始后，两个队伍中，A 队排头的学生会快速地用单脚跳过去，当抵达对面的边线之后，B 队第一名同学跳回来，依次折返接力，直到最后一名同学完成动作，最先结束的队伍获胜。

4. 规则

①不得抢跑，对面接力的同学必须在本队同学通过边线后方可起跑。

②绳未勾住脚的单脚跳算犯规，必须重做。

（二）跳长绳比赛

1. 目的

提高节奏感。

2. 准备

将学生分为几个小组（每个小组 8 ～ 9 人），每个小组选出两个人来摇绳子，其余人排成一列，站在正摇绳方向的外围准备。

3. 方法

比赛开始后，等待在绳子外面的学生依次按顺序跑进绳子里面，连续跳跃，并且计算跳的数量，直到这一组学生都进完死绳为止，如果死绳，比赛就会停止，每组按要求完成。在所有小组跳绳完毕，进行跳绳数据统计，入绳人数最多的那一组获胜；如果入绳人数相同，那么就计算在跳绳过程中跳的数量，数量最多的那一组获胜。按照这个方法，来决定每一组的排名。

4. 规则

①每次只能跑进一人，不得同时一次跑进多人。

②每轮游戏结束以摇绳中断（死绳）为标志。

（三）背后拉绳

1. 目的

训练学生的柔韧性及平衡性。

2. 准备

把学生们分成两列横队，面相对而立，两个人分别拿着绳子的一端，并把绳子从自己腰的左边绕到右边（或相反），然后用右（左）手抓住绳子的一端，做好准备。

3. 方法

比赛开始后，两人用力拉绳子，一拉一松（绳子不离开自己的手），谁能让另一人失去平衡，谁就是获胜者。

4. 规则

①如果绳脱离手，则另一人胜利。

②如果发生单脚或双脚移动，则另一人胜利。

（四）跳短绳比赛

1. 定时单摇跳

方法：绳过头后、下落脚为一跳次，单位时间内跳过次数多者获胜。

2. 定时交臂摇跳

方法：当双脚离开地面时，双手交叉在身前，绳子绕过头顶，一圈就是一次跳跃。双臂张开，单摇起跳，不计数，单位时间内跳过次数多者获胜。

3. 定时双摇跳

方法：绳过头两次后、下落脚为一跳次，两圈为一次起跳。在比赛过程中，如果出现单次跳跃或者其他跳跃方式，都不计算成绩，单位时间内跳过次数多者获胜。

4. 定时双人跳

方法：绳过双人头、脚为一跳次。两人站立的方向、位置均不限，中途换位置、换摇绳人均不限。单位时间内跳过次数多者获胜。

5. 定时双人双摇跳

方法：两人跳起腾空时，绳过头、脚两周为一跳次。两人站立位置、方向、换摇绳人均不限。单位时间内跳过次数多者获胜。

6. 定时并排双人跳

方法：绳过双人头、脚为一跳次。一人在绳外助摇不计数，开始姿势不限。单位时间内跳过次数多者获胜。

（五）跳长绳比赛

1. 定时集体跳长绳

方法：两队人数相等，由绳过全体头、脚一周为一跳次。单位时间内跳过次数多的队伍获胜。

2. 定时“8”字跳绳

方法：两个及以上的人同时跑进或者跳出，以一个“8”字形为一次跳跃，如果在跳跃过程中没有成功，则必须原路返回重做，通过人数不限。成功过绳的学生，要等到失败过的学生重新跳过绳后，才能继续下一次，单位时间内跳过次数多的队伍获胜。

六、跳绳的教学

跳绳包括单、双脚跳练习和绳操练习。在单、双脚跳练习中，有单人、双人和多人跳。在绳的种类上，有短绳和长绳两种。[1]

---

[1] 韦广忠，郑湘平. 基本体操理论教学与实践（第1版）[M]. 武汉：湖北大学出版社，2006:32-33.

跳绳主要能加强腿部力量，提高弹跳力、灵活性和耐力。绳操能锻炼人的协调性、灵活性、体态。跳绳是一种以柔软、轻便、练习方式多样、不受场地限制为特点的体育活动，很受年轻人欢迎。

（一）跳绳的教法

1. 适宜的场地

跳绳的场地应该是平地、木地板或者平坦的草地。就场地平整性而言，一般以木质地板练习环境最适宜。但如果场地有限，在水泥地上跳绳，一定要注意控制时间，以免引起下肢的过度疲劳，导致关节损伤。

2. 专项热身训练

在整个练习过程中，通过腕部摇绳，肩膀下沉放松，腰腹部核心力量收紧，下肢承受整个身体的重量，落地的同时屈膝缓冲。所以，在训练开始前，练习者一定要对身体各部位进行专项热身训练，才能逐渐适应跳绳练习的要求，避免运动损伤。

3. 完整的教学过程

在进行跳绳训练时，队伍之间的空间距离要适宜，根据教师的指令，按照“取绳”和“收绳”的次序进行，避免到处乱跑，取绳后听要求，不要打闹嬉戏，要爱护练习器材。在示范和讲解之后，可以让学生回到指定队伍位置，完成跳绳动作。练习可按照“徒手不持器械模仿练习—持器械练习”的顺序。在进行长距离、多人跳的时候，必须以组为单位，由专人发出口令，以便调节步伐。在跳绳教学过程中，教师应该让学生掌握正确的缓冲落地方式，并保持良好的身体姿态，并教会学生有节奏的呼吸方式。

（二）跳绳的教学比赛

教师可通过跳绳比赛来激发学生的训练热情，从而提高学生的身体素质，检验教学效果。跳绳比赛的类型比较多，原地进行的包含单人、双人、多人计时赛，计数赛等，也包含行进间完成的迎面接力。在比赛过程中，裁判员应秉承公平公正的原则，确保比赛的顺利进行，并配备专业的医务人员，防止意外事故发生。

（三）绳操的教法

1. 绳操的种类

绳操一般分为定位操和行进间操。定位操又可分为单人持短绳操、双人配合操、多人持绳操及成套花样绳操。持绳做操时，可以将绳折成合适的长度进行练习。

2. 绳操的教学过程

绳操是以徒手体操为基本内容，与徒手体操运动有很多相似之处。例如，在教学过程中的示范和讲解，口令和提示，教学组织的形式和纠错方式。绳操以手持绳完成动作练习。

①两种绳的运用：在绳操练习中，可以使用带柄的绳，也可以使用无柄的绳。通常使用不带柄的绳更方便，若使用带柄的绳，可利用绳柄完成绕环、敲打等动作。

②教学步骤：对一些简单的绳类运动，老师只需演示、讲解即可；而对于难度较大的绳操，则需先徒手学习动作，再持绳练习，最后以肢体动作与器械动作相配合。

③长绳操的教学：多人长绳操通常指 10 人以内手拿一根或几根绳子进行练习。绳长超过 2m，可以单手操作，也可以双手操作。在教学中，教师先徒手教会学生动作，然后持绳进行协调配合练习。

第四节 哑铃

哑铃由握柄和铃头两部分组成，握柄长 11 ～ 12cm，铃头的直径 2.8 ～ 3.5cm，哑铃可选用木质材料制成，动作练习中利用两只哑铃做有节奏的碰击，达到动作协调一致，以加强练习的节奏感。

一、哑铃的特点和作用

哑铃有木制、铁制和钢制三种材质。哑铃训练是指两只手上分别拿着一只哑铃，以多种方式完成上肢练习。哑铃操的特点是在练习过程中，可以利用哑铃单锤或双锤发出互相碰撞声，使动作看起来整齐、协调，并带有较强的节奏感。既可以培养学生的协调性和节奏感，还可以提升学生的练习兴趣。铁哑铃的重量因人而异，它经常被用来发展肌肉素质，特别是在发展上肢、肩部、胸背和腰腹等方面都有很好的效果，它是家庭健身健美中最常见的一种轻器械工具。

二、击铃方法

（一）单锤击

双手持铃，体前（侧、后）虎口相对，撞击铃头。

（二）双锤击

双手持铃，体前（侧、后）掌心相对，撞击铃头。

三、击铃节奏

一拍连击两次或四拍击一次、击两次、击三次、击四次等。

四、哑铃操的动作练习

借助哑铃进行身体各部分的运动，例如，上肢完成举、摇、屈、伸、旋转、绕环；做躯干的弯曲、伸展、旋转、绕环；在下肢进行踢腿、摆腿、屈腿、伸腿、弓步、下蹲等。

第五节　专门器械体操

专门器械体操是用肋木、体操凳、爬绳（竿）等对身体各部位进行的运动。它的特点是：以固定器械为基础，对不同的支撑高度和练习方法进行改变，改变动作对人体的作用，增加负重、辅助条件等，从而增加训练强度，从而加强人体各部位肌肉的力量和速度，提升关节的柔韧性和灵活性，改善不良的身体姿态，最重要的是培养勇敢、果断的优秀品质。[1]

一、肋木练习

（一）身体各部分的练习

1. 上肢和肩膀的动作

练习者面向或背靠肋木直立，双手抱肋，屈伸，压肩；抱肋下蹲，拉肩；悬吊引体向上；一人做悬吊引体向上，另一人在体侧预备保护，托住练习者的脚，以帮助引体上升。

2. 躯干动作

练习者面对肋木直立，双手握肋木，身体向后屈；背部握肋木，身体向前屈；侧对握肋木，身体前、侧、后屈；肋木上悬吊，收腹，抬腿；用双腿或者脚钩住肋木上体做俯卧撑动作。

3. 下肢和髋关节的动作

练习者以正、侧、背三种姿势站立，以肋木为支撑完成侧、前、后踢腿练习；面向肋木，正、侧、后压腿练习；双人负重练习，A 坐在 B 的肩膀上，B 完成下蹲练习。

---

❶ 王伯华 . 基本体操［M］. 杭州：浙江大学出版社，2004:1-5.

（二）攀登练习

1. 直线攀登

直接上下攀登。可以采取面向或背向的双手和双脚顺序按格或跨格攀登；手脚交替跳跃攀登。

2. 斜线攀登

从一端肋木开始，先斜线向上攀爬，到顶后再斜线向下攀爬到另一端。手脚交替按格或跨格攀登。

3. 曲线攀登

做好峰值、低谷的标记，设定一条曲线路径，练习者从一端肋木开始，先斜线向上攀爬，到峰值后，再斜线向下攀爬到低谷，练习者手脚交替按格或跨格攀登，完成标记的曲线路径。

（三）肋木操

肋木操是一种常用的热身活动，它是根据徒手操的编排原理，按人体各部位完成练习动作，使身体在训练前，得到充分的运动，避免因热身不够影响练习效果。

二、爬绳（竿）练习

爬绳（竿）指的是用手或四肢同时攀登绳（竿）的练习，一般的绳为麻制材料，长度为 4.5m 左右。直径为 3 ～ 3.2cm。竹竿由竹子制成，外表光滑，长短、粗细与绳索相同。除爬垂直绳（竿）外，还有爬横绳和荡绳。

（一）爬垂直绳（竿）

垂直绳（竿）指的是把绳子（竿）的一头吊在上方的物体上，绳子（竿）保持垂直，下端距离地面 20 ～ 30cm。攀爬方法：

1. 手脚并用爬绳（竿）

（1）三拍法

准备姿势是两臂伸直，双手握绳。

第一拍：双腿屈膝上提，双脚（一只脚背，另一只脚后跟）和腿内侧夹绳。

第二拍：双手屈臂折叠，同时双腿蹬直绳，身体上升成屈臂夹绳。

第三拍：双手交替抬起，成准备姿势，双腿依然夹紧绳。

（2）二拍法

准备姿势是一只手臂伸直并向上握绳，另一只手臂弯曲并齐于胸口握绳。

第一拍：双腿屈膝上提，双脚（一只脚背，另一只脚后跟）和腿内侧夹绳。

第二拍：双腿蹬直绳，双手屈臂折叠，下面的手向上换握成准备姿势，双腿依然夹紧绳。

2. 用手爬绳（竿）

两臂伸直，双手握绳，屈臂引体，双手依次向上换握，两腿保持自然下垂状态，身体不断上升。

（二）爬横绳

绳索两端分别固定两侧，绳索的长度及吊挂的高度根据要求而定。整根绳子横向悬挂，手脚并用，从一端攀爬到另一端，可采用挂膝法或挂踝法。

1. 挂膝法（以左腿挂绳为例）

右手在前，左手在后，握住绳子，左腿膝窝挂绳，右腿自然下垂，然后将左手换到右手前面，与此同时，右腿在前挂绳，左腿自然下垂，这样依次向头部方向前进。

2. 挂踝法

动作同挂膝法，腿部挂绳部位在踝关节上。

（三）荡绳

荡绳是使用竖绳，从一端高处握着绳子，摆向另一端高处（从低到高、从高到低），跨过一定的高度和宽度区域。摆动前，双手紧握绳索，双脚蹬伸；摆动中，可完成屈腿、屈膝动作，落地后，面向前或转体，松绳屈膝缓冲落下。

第六节　轻器械体操的教学要求

一、合理选择轻器械项目

在开展轻器械体操教学过程中，老师要对每种轻器械的特性有一个全面的认识，掌握其锻炼的部位和各自的性能，同时要结合教学目标，分析学生的情况，科学合理地选择轻器械的种类及训练的具体方法、手段和内容，这样才能达到最好的训练效果。

二、培养学生的教学组织能力

本章主要对轻器械体操的练习方法进行阐述以及对学生的组织教学能力进行培养。所以，在教学过程中，教师的教学应该以培养学生的教学组织能力和创造能力为主，在传授基本知识、技术的同时，还应该着重加入部分学生自编互教教学实践，从而促进学生的实际操作能力。

三、轻器械体操教学的注意事项

（一）强调安全问题

由于轻器械体操的性能、规格、特点不同，在训练中若错误运用，或不适当布置，很容易造成受伤。所以，在开展轻器械练习的时候，教师一定要先对学生进行安全教育，让他们既对各种器械的特点、功能及要求有一个清晰的认识，又在思想上保持高度关注，让他们对意外事故的危害性和严重性有更深刻的理解，并且要严格遵守要求，保证练习过程中的安全性和有效性。

（二）规范摆放器械

在课堂上，教师应按照教学要求，将体育器材按照一定顺序摆放好，以便学生对体育器材的取用。同学们要按照规定的队列顺序领取，也可以让排头把同列横队或同路纵队的器械一起领取，然后有序地分发下去；在训练过程中，要根据学生的人数、场地及他们所站的队形来确定摆放位置；归还器材时，同样要按照指定顺序和要求有序还放。

（三）合理安排队形

在进行轻器械体操训练时，教师应该以所使用的器械的特性、学生的人数、场地的大小为参考依据，选择合适的队形进行练习，同时应该安排好学生左右间距和前后间距，保障训练空间，避免因为间隔距离不足而造成损伤。

（四）分析学生情况

在进行双人或多人训练的时候，要提前分析学情，尽可能地将学生的基本情况考虑进去，避免因为身高、体重、协调性或运动基础差异太大而对训练的结果产生影响，同时应加强思想教育，培养团结协作精神。

（五）由简到繁原则

练习的难易程度、运动的强度大小等都应该按照循序渐进原则进行，先完成简单的动作，逐步加大动作的难度、运动强度，并延长练习的时间，切勿急于求成。

（六）强调课堂纪律

在组织各种游戏活动的时候，教师一定要将游戏规则讲清楚，并且加强纪律教育，要做到一切行动听指挥，高标准严要求，注意安全，严禁含有暴力和伤害事故行为的游戏练习。

复习思考题

1. 简述轻器械体操的教学要求。
2. 简述轻器械体操教学的注意事项。

第二篇
实践篇

第五章　徒手体操动作的创编

主要内容

本章在分析徒手体操创编的依据、原则、要素、方法的基础上，重点分析了徒手体操创编的步骤，提出了徒手体操的一些示例。

教学目标

了解徒手体操创编的依据、原则、要素、方法、步骤等内容。

第一节　徒手体操动作创编的依据

一、依据教学大纲创编

《体操教学大纲》为教练员与体育教师在体操运动中运用体操技术进行教学提供了依据，对我国中小学体操运动的发展起到了一定的指导作用。徒手体操创作的内容，以课程大纲中所规定的教科书内容为核心进行编排[1]，旨在完成体操教学任务，适应现代社会运动发展的需要。

二、依据学生特点创编

徒手体操创编必须根据学生的特点，在编排一套动作的时候，应该将教学任务与要求结合起来，重点分析学情，根据学生已经掌握的动作素材、学生的身体素质基础、学生人数、教学条件等方面的实际情况，来创编出符合学生特点，并具有较强针对性和时效性的成套动作。

[1] 张涵劲 . 体操（第 3 版）[M]. 北京 : 高等教育出版社，2015:49-51.

三、依据场地条件创编

徒手体操是一种以群体为单位进行的运动，其特点是个人所占的运动场地相对较少。所以，在对整套动作进行编排的时候，要对徒手动作的间隔距离和队形的变化进行考虑，动作位移的幅度不能太大，动作路线的变化也不能太过复杂。总之，应该在各方面都最大限度地利用地形空间。

四、依据器械特征创编

徒手体操中使用的轻器械形态多样，质地各异，可分为硬器械、软器械和弹性器械。在创编的时候，教师一定要以器械的特点为基础，对动作进行设计和编排，不能把器械当作装饰品，要把器械看成身体的延伸，使器械的动作与身体动作相协调，从而构成一套能锻炼身体各部位的操化动作。

第二节　徒手体操动作创编的原则

徒手体操作为体育教材的主体内容，在课堂上进行创新，对于调动学生的学习热情、培养学生的创造能力具有十分重要的作用。教师要根据教学目标、教学任务来确定教学内容。根据同年龄、性别和健康水平的人进行练习，应该选择合适的动作套路，这样才能达到锻炼的目的；如在足球脚内侧传接球课程中，在创编准备活动部分时，应根据项目需要编排选择，能充分活动身体各部分的动作，尤其是下肢的动作。

一、具有针对性和目的性

（一）明确练习的目的任务

在教学过程中，教师要按照目标任务的要求来进行合理编排。例如，大众广播体操的动作编排既要简单易学，又要达到锻炼目的；体育教学准备活动的编排就要以活动身体部位为目的来选择动作内容。为培养动作姿态为目的的编排就要求动作内容全面规范。因此，无论哪种目的，都要有明确的任务，才能达到效果。

（二）明确练习的对象

在创作中，教师要根据练习对象的年龄、性别、身体条件、训练水平和场地气候等因素来确定创作的内容。比如，少儿徒手体操的编创，要选用活泼、欢快、易于模仿的动作；年轻人的徒手体操创编，要选用节奏鲜明，朝气蓬勃，符合时代的动作；女子徒手体操的创编，应适当选取协调、优美、轻柔的动作；为老弱病残设计的徒手体操，要选用一些容易完成，速度较慢的动作；在体育教学的预备活动中，要针对不同的对象、体育项目类型、环境等，进行相应的编排。

（三）明确练习的环境条件

徒手体操的训练方式多种多样，要根据具体的环境情况，对训练的形式内容进行合理选择。例如，如果场地受限，可以采用定位操的训练方式，因为其对场地的要求较低；如果场地较大，可以采用行进运动的方式；如果有专门的体操地毯（垫），可以安排一些在地面上进行的练习，比如前滚翻、后滚翻、肩肘倒立。

二、具有实效性和科学性

一组高水平的徒手体操动作，必须遵循人体解剖学、生理学和运动生物力学的基本原理。并且与课程任务和教学内容高度契合，才能确保徒手体操在提高学生的身心健康方面起到积极作用。因此，一套徒手体操动作的编制是否科学，取决于它是否遵循以下几个原则。

（一）全身锻炼原则

一组徒手体操动作要能够全面影响人体，从人体部位来看，应包括头颈、肩部、胸部、上肢、下肢、躯干及全身动作；从身体素质来看，应包括速度、力量、耐力、柔韧、灵敏等；从动作方向来看，应包括基本方位、中间方位、斜向方位等进行交替活动的动作，从而全方位锻炼身体。

（二）适量运动原则

一组徒手体操的运动量必须符合人体运动的生理学原理，动作练习从浅到深；动作速度从慢到快；动作难点从简到繁；运动量由小到大；运动负荷由弱到强。在一套动作中，通常先开始踏步、伸展运动，然后是上、下肢和躯干运动，后续进入全身运动和跳跃运动，最后以整理运动或放松运动收尾。

（三）循序渐进原则

在编排整套动作时，身体活动的先后顺序要有一定规律，各部位的运动不是乱码乱序。徒手体操通常的顺序是从上到下，由远到近，从外到里，先局部后全身，从小关节、小肌肉群运动到大关节、大肌肉群运动等。强度、节奏、速度规律变化逐渐上升，到达峰值后，保证一定运动量，在快结束时强度、节奏、速度缓慢下降，整体心率变化呈抛物线状态。

三、具有创造性和审美性

徒手体操的内容非常丰富，教师在进行动作创作的时候，要以现实为基础，选择各种各样的、有特色的、有时代气息的、有创意的新元素融入动作。避免形式简单、千篇一律，枯燥乏味。除此之外，自创的徒手体操不仅要锻炼全身，还应体现矫正身体姿态的作用，这样才能对学生进行审美教育，让他们对美有一个正确的认识。所以，教师在创编动作的时候，可以改变动作的风格，融入芭蕾基训、形体训练、站姿练习等动作元素，设计出具有具体功效、优化体态的动作，激发学生的兴趣，提升他们的练习效果。

第三节　徒手体操动作创编的要素

教师进行徒手体操创编时，要了解徒手体操动作创作的基本要素，包括身体姿势，动作方向，动作幅度，动作路线，动作频率，动作速度，动作节奏，动作配合八方面。清楚每个要素，就可以对动作方式、动作难度、运动量及运动负荷进行有效的调整，更好地选择锻炼身体部位达到练习效果。

一、身体姿势

身体姿势❶是指身体及身体各部分在练习过程中所处的状态，是做动作时身体的外部表现。它包括开始姿势、动作过程中的姿势和结束姿势。在进行某一项运动时，姿势的变化是否正确，将直接影响运动的难度及效果。例如，在做身体前屈的时候，两只手臂分别以侧举、叉腰或向上提起的姿态，对后背肌肉的负荷也是不一样的。此外，在完成下蹲时，双脚弯曲与双脚伸直的难度及训练效果不同，它可以起到拉伸腿部后侧肌肉韧带的作用。所以，基于身体姿势的变化，可以创造出多种形式的徒手体操动作，从而调整动作的难度，增减运动量，通过身体姿势的不断变化，还可以起到集中学生注意力，提高学习兴趣的作用。

二、动作方向

动作方向❷是指动作经过一定的路线后所指向的目标（空间位置）。运动的方位是以人的身体和运动的相互关系为依据而决定的，运动有六个基本方位，即前、后、左、右、上、下。例如，任何在身体垂直面运动的动作都是向前、后方向的运动；任何与身体矢状面运动的动作都是左、右方向；任何与身体水平面相垂直的运动都是上、下方向运动。除此之外，在徒手体操中，还常用“向内”“向外”和“斜方向”（即在两个基本线之间）来表示动作的方向。

运动的方向不一样，涉及的肌肉也不一样。比如，身体前屈时，腰部和背部的

---

❶ 易学，冉清泉 . 现代体育准备活动 [M]. 1 版 . 重庆 : 西南师范大学出版社，1996:89-90.

❷ 李金泉，李荣 . 幼儿体育 [M].2 版 . 北京 : 高等教育出版社，2013:45-46.

肌群受影响较大；身体后屈时，腹部肌群拉伸感明显；左侧（右侧）身体侧弯时，体侧的肌群受影响较大。所以，特定的运动方向可以使特定的肌肉群得到更好的锻炼。

三、动作幅度

动作幅度[1]是指做动作时动作活动的范围，即做动作时身体或身体某一部位移动距离的大小。振幅的大小对人体的负荷及运动强度有直接影响。动作幅度越大，运动量越大。比如，直臂体转比屈臂体转的幅度大，双臂侧举后振比胸前平屈后振的幅度大，运动量更大。所以，改变动作振幅调整运动量，是一种行之有效的方法。

四、动作路线

动作路线[2]是指做动作时身体或身体某些部位运动轨迹的连线。动作轨迹有直线和曲线两种。直线运动的特征是方向不变，身体或身体的某个部分都沿着一条直线运动，比如两臂上举。通常情况下，直线运动仅仅指一个行动的开始和结束。曲线运动不断变化动作方向的特征。在许多动作中，人体或某些部分都会沿弧线运动。在进行曲线运动时，要有一个中线的描述，例如，双臂经体前至侧上举。运用多种运动路径，能使学生的协调性得到有效发展。

五、动作频率

动作频率[3]是指单位时间内动作重复的次数。频率对调整运动量的大小有很大影响。运动次数愈多，运动的强度愈大。例如，两臂绕环动作，单位时间内两臂绕一次和绕两次，动作的频率不同，绕两次比绕一次的频率快一倍。很明显，每一次重复的动作，都会增加肌肉负荷。在徒手体操中，通过改变动作的频次，可以使运动强度增大或减小。

六、动作速度

动作速度[4]是指在单位时间内身体或身体某部位移动的距离。在运动量的强度上，速度同样是一个很大因素。越是高速，越是剧烈，对身体的刺激就越大。动作速度的差异，会对运动的强度产生直接影响，比如，在一秒的时间里，两臂上举的

---

❶ 冉清泉，易学，丰孝法．体操健美舞蹈［M］．重庆：西南师范大学出版社，1996:123-125.

❷ 胡初萌．军体操．［M］．北京：解放军出版社，2000:28-30.

❸ 冉清泉，易学，丰孝法．体操健美舞蹈［M］．重庆：西南师范大学出版社，1996:145-147.

❹ 韦广忠，郑湘平．基本体操理论教学与实践［M］．武汉：湖北大学出版社，2006:34-36.

距离要比两臂前举更长，而且速度更快，对肌肉的负担也更大；同样，在一秒之内，连续两个踢腿动作，明显比只做一个踢腿动作要快得多。所以，速度的快慢，对肌肉负荷的大小也有影响。在教学中，教师要注重从缓到快，并以动作的特点为依据，来安排运动速度。

七、动作节奏

动作节奏[1]是指动作各部分的强弱和时间间隔的关系。动作的快慢，用力的强弱，时间的长短，肌肉的松紧，身体各部位动作的相互配合等方面的间隔与交替，是构成动作节奏的基本条件。动作具有一定的韵律性，不但可以提高训练效果，还有助于学生对动作的把握，从而达到精确、规范、协调配合的目的。

八、动作配合

动作配合[2]是指身体各部位相互配合的运动。一拍动作或多拍组合动作根据不同的运动方式，会有不同的训练结果。比如，在体转的时候，双臂向转体的一侧抬起，这样可以增加旋转的力量，并加大对腰、背肌肉的作用，双手叉腰来做，其作用主要体现在腰部，使身体各部位的运动协调一致，同时有效提升身体的协调性。

以上八个动作要素是密切相关的，在进行徒手体操设计时，教师要根据目标和需要完成的任务，合理选择、协调互补、相辅相成，高标准地完成技术动作，从而达到锻炼身体各个部位的目的。

第四节　徒手体操动作创编的步骤

徒手体操动作创编的基础是单人徒手体操动作，以身体各部位做各种类型的动作为核心，配合影响动作效果的身体姿势、动作方向、动作幅度、动作路线、动作频率、动作速度、动作节奏等因素的各种变化，组合形成千姿百态、丰富多彩的各种动作[3]。

一、创编的准备阶段

一般要了解编排的要求和任务，并对时间、地点、场地、器材以及学生特点等

---

[1] 杜典英 . 浅谈体操教学中一般身体发展练习 [J]. 体育与科学，1996（3）:84-85,80.

[2] 陈雁飞 . 体育 [M]. 北京 : 北京体育大学出版社 , 2004:92-95.

[3] 王伯华 . 基本体操 [M]. 杭州：浙江大学出版社，2004:1-5.

条件进行调查，这样才能设计和创编出较好的徒手体操。

二、确定创编的方案

经过创编的准备阶段后，就可以确定创编的方案。

（一）确定练习的形式

训练方式应根据学生的身体特征、训练目标、训练任务和场地条件来选择。例如定位操、行进间操、垫上操练习、器械体操等。

（二）确定成套的风格特点

以训练目标和任务为依据，确定整个动作的风格特征，例如，年轻、活泼、协调、优美、刚强的风格特点；要培养一个人的体态面貌，那么基础部位的动作就要多一些；要完成一个大型的团队展演，在编制操练的时候，可结合器械道具，设计动作拼接，完成视觉的效果呈现。

（三）确定成套的难度

根据练习的特点确定体操的难度，如根据练习对象的年龄、能力水平等，确定整套动作是低难度或是其他难度。

（四）确定成套的节数和重复拍数

按照训练目标和任务，确定每组训练动作的时间要求和节拍数量。运动量的大小与每一套动作的节数、拍数与练习时间的长度有直接联系，所以要根据实际情况来决定节数和拍数。通常定位操的成套节数为 8 ～ 10 节，每节 4×8 拍。

三、创编动作过程

在完成以上准备工作以后，就可以进行徒手体操的实质性编排工作，首先确定每节的部分，再编排每拍的动作部分。具体实施步骤如下：

（一）确定动作的名称

一般来说，以运动的身体部位和运动方式为依据，如上肢运动、腹背运动、跳跃运动等。在创编每节的动作时，首先要考虑做哪些部分的动作。所以，先决定动作的名称，然后修改完善。

（二）进行动作的编排

在确定名称之后，就可以根据名称的内容来安排具体的动作。在编制设计动作时，要注意各种因素对运动效果的影响。例如身体姿势、动作路线、动作方向、动作幅度等，把这些因素合理地组合成每节中的节拍动作。目前，动作创编有以下七种常用方法。

1. 身体各部分协调配合

每一节都有一个主要的动作部分，编排过程中，在强调动作部分的同时，还可以考虑融入其他部分的配合。比如，强调上肢各部分的动作，同时也要配合下肢部位，如双手头上击掌一次，左腿侧迈一步成开立等。配合时，动作不要太大，以利于主要运动部位。

2. 组合不同方法

可完成许多不同方法的身体动作，在一节操中即可采用某一类动作的做法，如下肢运动可全部采用踢或压等，也可以采用多类动作组合，如下肢动作可采用下压后再踢或屈、伸等。

3. 设计多变方向

在方向的设计上，可采用前后方向、左右方向、前后左右方向、斜前方向等。

4. 变化完成次序

可以采取同时做、顺序做、轮流做、对称做、非对称做。通常都是和其他顺序一起完成，不对称的动作难度更大。

5. 采用不同形式

一组动作可以采用定位练习、行进练习、定位与行进结合练习等不同的方式。在运动过程中可以采取一步一拍、一拍一动的方式；或者向前行进 4 步（4 拍），再定位 4 拍的动作。定位中一般采用站立姿势，还可采用蹲、撑、坐、卧等多种姿势和前、后、左、右、斜向移动等方向变化形式来完成动作。

6. 改变练习次数

例如，四拍一节动作中，绕环一次、两次或三次；体侧屈一次、两次或三次等。

7. 各种动作可采用姿势、幅度、路线、速度、频率、节奏的变化等组合变化完成。

四、编排结束部分

在创编动作结束之后，还需要对操内容进一步优化和完善，其目标是使所创编的内容尽量符合训练要求，所以，在完成之后，要视具体情况，展开如下工作。

（一）配乐练习

需集体完成的徒手体操，如大课间广播体操、团体操训练等，在完成动作设计后，要配乐练习，观察节奏是否合适。

（二）参与者预先练习

在条件允许的情况下，教师一般会组织一些学生对所编排的动作进行练习，找出其中的问题，并对其进行改进。像广播体操这种广泛应用的徒手体操，还需要进行一些专门的指标测试，如特殊小节运动量测试等。

（三）接受反馈意见

通过图解、录像或现场表演的方式，教师将所创编的全部内容展现给学生和专家，征求他们的意见，结合他们提出的意见或建议进行认真研究，优化完善徒手体操动作及配乐。

（四）完成其他工作

为了便于推广群众和完善教学的影像资料，后续还需继续完成徒手体操内容的文字图解编写、动作技术的讲解示范，成套动作的分解完整录像等工作。

复习思考题

1. 徒手体操创编的原则是什么？
2. 徒手体操创编应考虑哪些因素？
3. 创编一套徒手体操，并用文字图解进行说明。

第六章 基本体操竞赛的组织与裁判

主要内容

目前，基本体操竞赛按竞赛性质可分质量竞赛和数量竞赛两种。质量竞赛如队列、徒手操，以及轻器械操的竞赛等；数量竞赛如跳绳及各项身体素质的竞赛。[1]

本章主要介绍了基本体操竞赛的组织工作、裁判工作等；详细介绍了竞赛组织工作的竞赛规程制定，裁判评分方法。

教学目标

1. 了解基本体操竞赛组织方法。
2. 了解基本体操竞赛的裁判方法。

第一节 基本体操竞赛的组织

基本体操竞赛因其规模大、参与人数多、组织规模大等特点，在竞赛前必须做好充分的准备。

一、制定竞赛规程

竞赛规程为大赛指导用书，各参赛单位及个人均应严格遵守。所以，竞赛规程一定要做到简洁、准确，并且要以竞赛的规模和比赛动作的难易程度为基础，将不少于 3 个月，发送给参赛单位和相关部门及领导，以便参赛单位做好充分的准备工作。[1] 比赛程序通常由下列要素组成。

---

❶ 王伯华 . 基本体操（第 1 版）[M]. 杭州 : 浙江大学出版社，2004:79-82.

（一）目的任务

基本体操项目的目标与任务不同，友谊赛以交流经验、增进友谊为主；竞赛活动旨在提高教学质量、改善训练水准而举办的锦标赛；队形竞赛的目的在于提高队形水平、口令与指挥水平；自制徒手体操竞赛的目的在于提高大学生创编徒手体操的能力。

（二）比赛名称

比赛名称，一般采用全称，注意要说明年度、单位和比赛的名称。

（三）比赛内容

比赛的内容可以由有关部门根据比赛的性质、规模以及实际情况来决定。例如，比赛队列、广播体操、健身健美操、生产体操、幼儿体操、自编的徒手体操等。

在比赛中，有关部门通常会对入场和离场的队形、领操员的指挥以及做操进行评分，对于自编操的比赛，还会有一定的时间限制，为确保比赛的顺利进行以及比赛的质量，成套时间（包括进、退场）通常控制在 5 ～ 10 分钟。

（四）比赛时间和地点

在安排赛事时，尽量避免或减少对选手正常的学习及工作造成干扰，还要考虑尽量增加观众数量，活跃现场氛围，加强参与感。如遇到特殊季节和气候，要做好应急预案，以免临时造成比赛秩序混乱。

比赛地点的选择应考虑场地设施条件、交通条件要符合比赛的要求，以及通勤时间。竞赛场地通常以参赛选手之间的间距为标准，同时对器械预留安全的距离。准备场地根据进退场的场地阵型来进行布置。

（五）参赛单位

根据比赛的任务、规模和经费来确定参赛单位，学校可以年级或班级为参赛单位，机关、政府部门和企事业单位可以以部门为参赛单位。

（六）参赛办法

1. 参赛人数

明确参赛单位的运动员（包括替补运动员）、教练员、领队等名额（根据比赛要求，设置人数比例）。

2. 参赛资格

明确男女是否分场比赛。例如同场比赛，则需说明男女人数的比例。在基本体操项目中，由于运动员的年龄、性别和身体素质可能存在差异，在制定竞赛时，有关部门必须结合实际，明确运动员的性别和年龄构成。一般采用分年龄阶段、学历阶段、社会组织机构等来进行比赛。

3. 扣分说明

对于规定要求全勤的赛事，有关部门应当对无故缺席的选手作出清楚的扣分规则说明。

4. 比赛办法

组委会要清楚说明比赛的性质、比赛的数量、计分方法、比赛场地、队形等，对于自选动作另作说明要求。通常采用抽签的方式来决定参赛队伍的先后次序，明确此次竞赛所使用的打分方式。如果该项目没有统一的打分办法，组委会应当另行制定打分规则，并提前公示。

5. 报名与报到

在比赛开始前一定时间内，组委会应告知参赛单位需将报名表按要求邮寄给组委会，并告知参赛单位如何填写报名表。报名时间、截止时间、报到时间等，将视大赛的规模、赛事性质提前确定，如遇特殊情况，还可延长报名时间。

（七）确定比赛顺序

确定比赛顺序有抽签、组委会安排、抽签与安排相结合三种方式，基于公平原则，多采用抽签方式。

（八）录取名次与奖励

根据参赛队的数量及主办单位的条件，按一定比列设立团体赛、个人赛和其他奖励。例如，优秀组织奖、道德风尚奖、最佳编排奖、最佳表演奖、最具人气奖等。

（九）其他

如有其他事项，如仲裁委员会的选派办法，仲裁委员会的组成及职责，特别规定及要求，主办方需另行公告。

二、成立竞赛组织机构

为确保竞赛的顺利开展，必须按照竞赛的规模，设立竞赛的组织机构。在大型比赛中，应该建立一个大会组委会，而在中小型比赛中，则可以由主办单位、承办单位、各参赛单位领队、裁判长等组成竞赛委员会，由竞赛委员会的负责人将全部有关人员召集在一起，召开一次联合会议，对竞赛流程、评分细则、抽签确定参赛顺序、考场安排等内容进行说明。

三、召开领队教练会议

在比赛开始前，组委会主席、各队队长、教练和总裁判应组成的竞赛委员会，需召集队长和教练进行联合会议。会议主要内容包括：对竞赛场地和器材进行介绍；解答相关问题，如比赛程序及打分规则；决定比赛次序；就竞赛事宜进行讨论并解决相关问题。

四、编印秩序册

组委会或竞赛委员会根据各队报名情况及竞赛规程，在确定比赛顺序和比赛场次后，总记录处应尽快编印秩序册，其主要内容包括竞赛规程、组委会或竞委会、大会办事机构、仲裁委员会、裁判员名单、参赛单位、大会活动日程安排、竞赛日程或比赛顺序、比赛场地示意图、裁判学习日程等。

五、准备比赛器材和场地

在比赛前，后勤部门准备裁判员评分表（或设计电子设备打分程序）、比赛成绩记录表等竞赛应用表格，并做好场地划分、中线标志、音响设备安装等后勤工作，同时，还应准备必要的谈判评分用具。

六、召开裁判员学习会议

在比赛开始前，裁判长会将所有裁判分成不同的小组。然后，巩固和完善学习比赛规程和评分规则，特别是对一些最新的规则变动和打分要求做好解释说明，学习评分因素、内容和方法，并统一评分标准。最后，裁判长应到赛场上，看看各支队伍的训练效果，提前做好试评工作。

七、正式比赛协调安排

在正式比赛中，为确保比赛的顺利进行，组委会和裁判团队的工作必须相互配合，统一指挥。音响设备组要确定每队的音乐；场务组要让每一支队伍的入场和离场衔接紧密，秩序稳定。比赛结束后，要现场公布评分结果；竞赛中若遇到问题，要及时解决。

八、颁奖工作

比赛结束后，立即做好颁奖工作，颁奖仪式氛围要热烈，奖项颁布要正确，应事先做好彩排工作，保证现场环节有条不紊地进行。

第二节　基本体操竞赛的裁判工作

基本体操比赛一般设总裁判长 1 名，副裁判长 1 ～ 2 名，裁判员若干，记录员 1 ～ 2 名，检录员 1 ～ 2 名。

一、裁判员分工

（一）简单比赛的分工

通常由一队裁判员组成。裁判在分工上，一般包括三种，全场评分、分区评分、分区与全场评分相结合。当比赛队伍数量不多时，适合使用全场评分；如有多支队伍参加比赛，则采取分区评分或分区与全场综合评分。

（二）复杂比赛分组分工

1. 全场裁判组

适用于运动员人数不多、进退场变化不大的比赛。若参赛人数超过百人，裁判在各方面的评分都很困难的情况下，一般采用分区评分。分区评分包括分块评分、分纵队评分、分横队评分和就近评分等。

2. 两组以上裁判组的分工

一般按项目和规模大小来确定。例如运动员人数多、队形变化较大适用裁判员多的分组。

（三）裁判员的位置

裁判员的座位应该能让选手看清楚，通常按照中心区和分区两种方式进行。前者是指裁判员可以从相同的视角来看选手的表现，且得分相差不大；但是，也有可能存在“盲区”和“漏判”现象。后者裁判员可以对该地区的运动情况进行更清晰的观察，不容易漏判。

二、队列队形比赛

（一）评分方法

1. 裁判位置

主裁判居中，四名主裁判分别站在四个角落，以不同角度观看这一区域的比赛。裁判员可以在人数不多的情况下安排一排座位。

2. 裁判评分

当一支队伍比赛结束时，另外四名裁判员会在裁判长的示意下，公布他们的分数，然后由记录员根据分数计算出最终分数，裁判长会在现场宣布最终的分数。

3. 计分规则

根据比赛规则要求，一般采用百分制，可从 0.1 分扣起，也可按整数扣分。

（1）累积评分法，是指裁判员所评分之和除以裁判员的人数为最后得分的计算方法。

（2）分值累积法，是指在已确定各裁判起评分基础上，通过评分（包括扣分）后各裁判员所得分之和为最后得分计算。

4. 统分方法

去掉最高分和最低分，用余下二分的平均值，再减去因缺勤而扣掉的分数，就是最终成绩。若两项中值之差大于 1 分，则主裁判可召集所有裁判员商议，将中值调至 1 分以内。如有两个或几个队伍的分数相同，以主裁判给这两个队伍的分数为准，分数高的队伍在前，分数低的队伍在后。

（二）队列队形的评分因素

队列队形比赛可根据动作标准、一致性（包括服装、道具、轻器械）、指挥员、精神面貌四个方面评分。满分为 100 分，其中，动作标准（40 分）、一致性（40 分）、指挥员（10 分）、精神面貌（10 分）。

（三）错误判定方法

（1）在队形竞赛中，每一个运动都被认为是一个正确的姿态，或者说是一个完成情况。

（2）一切偏离正确姿态的错误都被认为是在比赛过程中的错误，裁判将会按照偏离正确姿态的程度来判定，扣的分数是小的、中的还是大的。

（3）如果出现了技术上的偏差，也会相应地扣分，扣分的规则和姿势上的偏差一样。小错就扣 0.1 分，中错就扣 0.2 分，大错就扣 0.3 分，特大错误就扣 0.5 分。在一次队形竞赛中，一名选手出现了一个与标准动作背道而驰的错误动作，被扣 0.5 分。

三、徒手体操比赛

（一）评分方法

1. 裁判位置

裁判席为高台或长凳，高度为 1.5 ～ 2.0 米，可清晰看到选手比赛过程，裁判席为自左向右顺时针方向。裁判们通常可以一字排开，但是要注意间隔。

2. 裁判评分

在每一支队伍做完动作之后，每一名裁判员都会将自己的分数填写在评分单上，记录员会对裁判员的评分进行汇总，并对得分进行统计，之后由记录员交给裁判长，裁判长发出信号后，裁判员统一示分，赛事宣告员再宣布最终得分。[1]

3. 统分方法

裁判员的分数会被扣除一个最高分和最低分，然后取用平均的分数来计算。如果两个或更多队伍的分数相同，以主裁判的评分高低为准，从高到低，如仍相等则并列。

（二）评分因素

徒手体操比赛可根据动作标准、一致性、动作到位、领操员、精神面貌五个方面评分，满分为 100 分，其中，动作标准（30 分）、一致性（30 分）、动作到位（20 分）、领操员（10 分）、精神面貌（10 分）。

1. 动作标准

动作标准是指要保持一个正确的姿势，如果手臂、腿弯曲等与标准动作的要求有偏差都被称为不正确。每个环节都会被扣分。

2. 一致性

一致性就是整齐划一的程度，是衡量一个人是否能够完成一个完整的训练，如果在训练中出现了不整齐划一的情况，那么就会被扣分。

3. 完成度

身体某部位的动作方向、角度、路线、幅度和结束姿势是否符合要求。例如两臂侧上举，应将两臂伸直，经前、侧上的方向和路线，位于上举与侧举之间 45°，掌心相对为标准。只有在姿势正确的基础上，才能达到准确。

4. 指挥员

指挥员的仪容仪表是否端庄，指挥位置是否合适，口令是否清晰、响亮、悦耳、准确，手势是否正确，队列操练对于场地空间的利用程度等。

5. 精神面貌

精神面貌是指全体队员出入场和比赛过程中的精神状态，注意力是否集中以及服装是否一致等。

---

[1] 朱光辉，化洪斌，刘卫，李永虹 . 体操［M］. 济南：山东大学出版社，2001:94-97.

（三）徒手体操规定动作评分内容

（1）对动作技术和身体姿势错误等的扣分：小型错误，明显错误，重大错误。如表 2-6-1 所示。

表2-6-1　徒手体操错误类型评分情况

项目	小型错误[1]	明显错误	重大错误
动作标准	个别错误，微小偏差（个别）	微小错误（1/4 人），明显偏差（个别）	微小错误（1/3 人），明显偏差（1/4 人）
一致性	个别动作节拍不合，不整齐	1/4 人动作不整齐	1/3 人动作不整齐
完成度	个别动作不到位	1/4 人动作不到位	1/3 人动作不到位
指挥员	口令不够响亮，手势不够准确	口令有错误，动作不正确	仪表完全不符合要求，口令不正确
精神面貌	个别不认真，进退场不整齐	1/4 人不认真，着装不整齐，精神面貌欠佳	1/3 人不认真，着装不规范，精神面貌差

（2）徒手体操比赛时，相同错误在一节内重复出现，只扣最严重的一次错误，但下节再次出现同样的错误仍要扣分。

（3）漏做扣分：每漏做一节或多节操，扣去漏做动作的全部或部分分值。

（4）参赛人数与竞赛规程要求不符：由裁判长在该队总分中扣除，至于每缺席一人该扣几分，则可由主办单位事先明确规定，并根据规定扣分。

（四）自选动作评分

自选动作的评分一般从创编情况、完成情况和其他（包括音乐选择、队形变化、动作完成度、精神面貌等）四个方面进行。

自选动作的评分内容：成套动作的创编情况，它能反映出运动员和教练员的创造能力、难度水平及艺术水准。创编动作的难度、动作种类的选取、动作的新颖性、动作的特殊性等都是影响创编动作评分的主要因素。其分值分配如表 2-6-2 所示。

[1] 注：小型错误是指个别人及全体运动达到一定比例与正确动作有微小偏差；明显错误是指少数人出现及全体运动达到一定比例与正确动作有明显偏差；重大错误是指一部分人出现及全体运动达到一定比例与正确动作有较明显偏差。

表2-6-2 自选动作比赛评分内容

种类	完成情况	创编情况	其他
1	5.0	4.0	1.0
2	4.0	5.0	1.0
3	4.0	4.0	2.0

1. 自选动作的创编情况评分

（1）难度：指编操的动作幅度、方向、节奏、节拍、做法等变化和复合动作所占的比重。

（2）动作的新颖性。

（3）整套动作的编排水平。

（4）动作的队形变化、音乐选配和精神面貌。

2. 自选动作的完成情况评分

（1）身体姿势不正确。每节动作的扣分可按照偏差的大小。

（2）动作技术错误的评分。每节动作的扣分可按照错误大小扣分。

3. 其他情况评分

可以根据裁判组商议确定扣分类型和细则。

在徒手体操的组织与编排打分过程中，裁判组可在制定打分细则时，对打分的内容与比重作相应调整，由裁判组按细则进行。

四、跳绳比赛

跳绳比赛一般包括计数、接力、花样比赛等。

（一）计数比赛

可举办单人或团体竞赛，团体竞赛可采用全班参赛或自行挑选参赛队伍两种方式。至于选择哪一种，则要看大赛的目的。计算成绩，以每个人在规定时间内所能完成的过绳次数为准，次数越多，名次越靠前，如果产生相同名次，还可以进行一次加赛。

全队成绩计算：

$$\frac{\text{全队跳次之和}}{\text{全队人数}}=\text{全队成绩}$$

如果成绩相等，以某队在比赛中跳的次数最多者列前，如仍相等，视次高者列前，如再相等，以次类推。

（二）接力比赛

接力比赛包括固定接力赛、迎面接力赛等。参赛形式分为两种，一种是全体参赛，另一种是选择参赛队伍。例如，在定点接力中，每个班级选择 8 个人，每个人都要跳 150 下，第一个人跳完之后，第二个人继续跳，如此循环，直到最后一个人跳完为止，哪一个队伍先到达终点就是赢家。

接力赛，每一组都设一名主裁判，他负责记录运动员的成绩；一名计时人员，负责卡表计时；一名记录员，负责记录每一位选手所用的时间，中断的次数，以及整个队伍所用时间的总和。

团队得分：以团队用时最少或完成次数最多，依次排名。如果成绩相同，则由团队中一名最佳表现选手来排名；如果还是平分，那么以第二位选手排名，以此类推。

（三）跳绳比赛的注意事项

（1）规则中要明确规定跳跃的方式，比如双脚跳跃、单脚跳跃、交换脚跳跃等，并且要明确是单摇还是双摇。

（2）接力赛可使用两条绳，使得接力赛紧张激烈。

（3）参赛者必须提前确认参赛分组，以免出现失误，每个小组都在自己的分区内参赛。

（4）为确保赛事的正常进行，加大对赛事周边区域的维护力度。

对于基本体操项目，目前，国内尚无统一的打分标准，各地区、各单位可根据本地区、本单位的具体情况及需要，制定适合的打分标准，通过对基本体操竞赛的分析，不断对竞赛方法和评分规则进行改进。[1]

复习思考题

1. 简述制定基本体操比赛规程的内容。
2. 简述队列队形比赛一般评分方法。
3. 简述徒手体操比赛一般评分方法和评分因素。

---

[1] 王伯华 . 基本体操（第 1 版）[M]. 杭州 : 浙江大学出版社，2004:79-82.

第三篇
示例篇

第七章　单节徒手体操示例

主要内容

本章主要以单节的徒手体操为例，起到参考的作用。

教学目标

熟悉掌握徒手体操的单节动作示例。

第一节　头颈动作示例

头部运动分解动作如图 3-7-1 ～图 3-7-10 所示。

一、头部运动分解动作一

预备　1　2　3　4

图3-7-1　头部运动分解动作一

预备姿势：直立，两手叉腰。

1 拍：头前屈。

2 拍：头还原成直立。

3 拍：头后屈。

4 拍：头还原成直立。

5 ～ 8 拍同 1 ～ 4 拍，但第二个八拍的最后一拍还原成直立。

二、头部运动分解动作二

预备　1　2　3　4

图3-7-2　头部运动分解动作二

预备姿势：直立，两手叉腰。

1 拍：头左屈。

2 拍：头还原成直立。

3 拍：头右屈。

4 拍：头还原成直立。

5 ～ 8 拍同 1 ～ 4 拍，但第二个八拍的最后一拍还原成直立。

三、头部运动分解动作三

预备　1　2　3　4

图3-7-3　头部运动分解动作三

预备姿势：直立，两手叉腰。

1 拍：头向左转。

2 拍：头还原成直立。

3 拍：头向右转。

4 拍：头还原成直立。

5 ～ 8 拍同 1 ～ 4 拍，但第二个八拍的最后一拍还原成直立。

四、头部运动分解动作四

预备　　1～2　　3～4

图3-7-4　头部运动分解动作四

预备姿势：直立，两手叉腰。

1～2拍：头由左向右绕环一周。

3～4拍：头由右向左绕环一周。

5～8拍同1～4拍，但第二个八拍的最后一拍还原成直立。

五、头部运动分解动作五

预备　1　2　3　4　5　6　7　8

图3-7-5　头部运动分解动作五

预备姿势：直立，两手叉腰。

1拍：头前屈。

2拍：头还原成直立。

3拍：头后屈。

4拍：头还原成直立。

5拍：头左屈。

6拍：头还原成直立。

7拍：头右屈。

8拍：头还原成直立。

第二个八拍同第一个八拍。

六、头部运动分解动作六

预备　1　2　3　4　5　6　7　8

图3-7-6　头部运动分解动作六

预备姿势：直立，两手叉腰。

1 拍：头前屈。

2 拍：头还原成直立。

3 拍：头后屈。

4 拍：头还原成直立。

5 拍：头向左转。

6 拍：头还原成直立。

7 拍：头向右转。

8 拍：头还原成直立。

第二个八拍同第一个八拍。

七、头部运动分解动作七

预备　1　2　3　4　5　6　7　8

图3-7-7　头部运动分解动作七

预备姿势：直立。

1 拍：左脚侧出一步，头向左转。

2 拍：头还原成直立。

3 拍：头向右转。

4 拍：头还原成直立。

5 拍：头前屈。

6 拍：头还原成直立。

7 拍：头后屈。

8 拍：左脚收回，头还原成直立。

第二个八拍同第一个八拍。但换右脚做。

八、头部运动分解动作八

预备　1　2　3　4　5～6　7　8

图3-7-8　头部运动分解动作八

预备姿势：直立，两手叉腰。

1 拍：左脚侧出一步，头前屈。

2 拍：头还原成直立。

3 拍：头后屈。

4 拍：头还原成直立。

5 ～ 6 拍：头由右向左绕环一周。

7 ～ 8 拍：头由左向右绕环一周，同时左脚收回还原成预备姿势。

第二个八拍同第一个八拍。但换右脚做。第四个八拍的最后一拍还原成直立。

九、头部运动分解动作九

预备　1　2　3　4　5～6　7～8

图3-7-9　头部运动分解动作九

预备姿势：直立，两手叉腰。

1 拍：头向左转。

2 拍：头还原成直立。

3 拍：头向右转。

4 拍：头还原成直立。

5 ～ 6 拍：头由右向左绕环一周。

7 ～ 8 拍：头由左向右绕环一周。

第二个八拍同第一个八拍，但第四个八拍的最后一拍还原成直立。

十、头部运动分解动作十

预备　1　2　3　4　5～6　7～8

图3-7-10　头部运动分解动作十

预备姿势：直立，两手叉腰。

1 拍：头前屈。

2 拍：头后屈。

3 拍：头向左转。

4 拍：头向右转。

5 ～ 6 拍：头由右向左绕环一周。

7 ～ 8 拍：头由左向右绕环一周。

第二个八拍同第一个八拍，但第四个八拍的最后一拍还原成直立。

第二节　上肢动作示例

上肢运动分解动作一至十如图 3-7-11 ～图 3-7-20 所示。

一、上肢运动分解动作一

预备　1　2　3　4

图3-7-11　上肢运动分解动作一

预备姿势：直立。

1 拍：两臂前平举。

2 拍：两臂还原成直立。

3 拍：两臂经前至上举。

4 拍：两臂还原至两侧成直立。

5～8 拍同 1～4 拍。

二、上肢运动分解动作二

预备　1　2　3　4

图3-7-12　上肢运动分解动作二

预备姿势：直立。

1 拍：两臂侧平举，与肩持平，掌心向下。

2 拍：两臂还原至两侧成直立。

3 拍：两臂经侧至上举。

4 拍：两臂还原至两侧成直立。

5～8 拍同 1～4 拍。

三、上肢运动分解动作三

预备　1　2　3　4

图3-7-13　上肢运动分解动作三

预备姿势：直立。

1 拍：两臂侧下举。

2 拍：两臂侧平举，与肩持平，掌心向下。

3 拍：两臂侧上举，与肩持平，掌心向下。

4 拍：两臂还原至两侧成直立。

5～8 拍同 1～4 拍。

四、上肢运动分解动作四

图3-7-14　上肢运动分解动作四

预备姿势：直立。

1 拍：两臂侧平举，与肩持平，掌心向下。

2 拍：两臂上举。

3 拍：两臂前平举。

4 拍：两臂还原至两侧成直立。

5 ～ 8 拍同 1 ～ 4 拍。

五、上肢运动分解动作五

图3-7-15　上肢运动分解动作五

预备姿势：直立。

1 拍：两手叉腰。

2 拍：两臂侧平举，与肩持平，掌心向下。

3 拍：还原成 1 拍的姿势。

4 拍：两臂还原至体侧成直立。

5 ～ 8 拍同 1 ～ 4 拍。

六、上肢运动分解动作六

预备　1　2　3　4

图3-7-16　上肢运动分解动作六

预备姿势：直立。

1 拍：两臂侧平举，掌心向下，与肩持平。

2 拍：两臂侧上举，稍抬头。

3 拍：还原成 1 拍的姿势。

4 拍：两臂还原至两侧成直立。

5 ～ 8 拍同 1 ～ 4 拍。

七、上肢运动分解动作七

预备　1　2　3　4

图3-7-17　上肢运动分解动作七

预备姿势：直立。

1拍：左脚侧出一步，同时两臂前平举。

2 拍：两臂上举。

3 拍：两臂侧平举，掌心向下，与肩持平。

4 拍：左脚收回，两臂还原至体侧成直立。

5 ～ 8 拍同 1 ～ 4 拍，但换右脚做。

八、上肢运动分解动作八

预备　1　2　3　4

图3-7-18　上肢运动分解动作八

预备姿势：直立。

1 拍：左脚侧出一步，同时两臂侧平举与肩持平，掌心向下。

2 拍：两臂肩侧屈，手指触肩。

3 拍：两臂侧上举，稍抬头。

4 拍：左脚收回，两臂还原至体侧成直立。

5 ～ 8 拍同 1 ～ 4 拍，但换右脚做。

九、上肢运动分解动作九

预备　1　2　3　4

图3-7-19　上肢运动分解动作九

预备姿势：直立。

1 拍：左脚侧出一步，同时两臂侧平举与肩持平，掌心向下。

2 拍：两臂上举击掌，抬头。

3 拍：还原成 1 拍的姿势。

4 拍：左脚收回，两臂还原至体侧成直立。

5 ～ 8 拍同 1 ～ 4 拍，但换右脚做。

十、上肢运动分解动作十

预备　1　2　3　4

图3-7-20　上肢运动分解动作十

预备姿势：直立。

1 拍：左脚侧出一步，同时两臂侧平举与肩持平，掌心向下。

2 拍：左脚向右脚并拢，同时两手叉腰。

3 拍：还原成 1 拍的姿势。

4 拍：左脚收回，两臂还原至两侧成直立。

5 ～ 8 拍同 1 ～ 4 拍，但换右脚做。

第三节　扩胸动作示例

扩胸动作分解动作一至十如图 3-7-21 ～图 3-7-30 所示。

一、扩胸运动分解动作一

预备　1　2　3　4

图3-7-21　扩胸动作分解动作一

预备姿势：直立。

1 拍：两臂前举，掌心向下。

2 拍：两臂胸前平屈后振。

3 拍：两臂经前伸直（掌心向上）至侧平举后振。

4 拍：两臂还原至两侧成直立。

5 ～ 8 拍同 1 ～ 4 拍。

二、扩胸运动分解动作二

图3-7-22　扩胸动作分解动作二

预备姿势：直立。

1 拍：两臂经前至胸前平屈后振。

2 拍：两臂经前伸直（掌心向上）至侧平举后振。

3 拍：两臂经前（掌心向下）至胸前平屈后振。

4 拍：两臂还原至体侧成直立。

5 ～ 8 拍同 1 ～ 4 拍。

三、扩胸运动分解动作三

图3-7-23　扩胸动作分解动作三

预备姿势：直立。

1 拍：左脚侧出一步，同时两臂经前至胸前平屈后振。

2 拍：两臂再胸前平屈后振一次。

3 拍：两臂经前伸直（掌心向上）至侧平举后振。

4 拍：两臂再侧平举后振一次。

5 ～ 8 拍同 1 ～ 4 拍，但第四个八拍的最后一拍左脚收回，两臂还原至两侧成直立。

四、扩胸运动分解动作四

预备　1　2　3　4

图3-7-24　扩胸动作分解动作四

预备姿势：直立。

1 拍：左脚侧出一大步，同时两手半握拳，两臂经前至胸前平屈后振，拳心向下。

2 拍：身体向左转体 90°。

3 拍：两臂经前至侧平举后振一次。

4 拍：还原成直立。

5 ～ 8 拍同 1 ～ 4 拍，但方向相反。

五、扩胸运动分解动作五

预备　1　2　3　4

图3-7-25　扩胸动作分解动作五

预备姿势：直立。

1 拍：左脚侧出一大步，同时两臂胸前平屈后振。

2 拍：向左转体 90° 成左弓步，同时两臂经前伸直（拳心向下）至侧平举后振。

3 拍：还原成 1 拍的姿势。

4 拍：还原成直立。

5 ～ 8 拍同 1 ～ 4 拍，但方向相反。

六、扩胸运动分解动作六

预备　1　2　3　4

图3-7-26　扩胸动作分解动作六

预备姿势：直立。

1 拍：左脚侧出一步，同时两手半握拳，两臂经前（拳心相对）至侧平举后振。

2 拍：两臂经前（拳心相对）向下后振。

3 拍：两臂经前向上举后振（拳心相对）。

4 拍：左脚收回，两臂经前还原成直立。

5 ～ 8 拍同 1 ～ 4 拍。但换右脚做。

七、扩胸运动分解动作七

预备　1　2　3　4

图3-7-27　扩胸动作分解动作七

预备姿势：直立。

1 拍：左脚向前一大步成弓步，同时两手半握拳，两臂经前（拳心相下）至侧平举后振。

2拍：两臂再侧平举后振一次。

3拍：左脚蹬回并腿半蹲，同时两手扶膝（两肘外分，手指相对）。

4拍：还原成直立。

5～8拍同1～4拍，但换右脚做。

八、扩胸运动分解动作八

预备　1　2　3　4

图3-7-28　扩胸动作分解动作八

预备姿势：直立。

1拍：两臂经前至胸前平屈后振。

2拍：左脚侧出一大步，同时身体向左转体90°成弓步，两臂经前伸直（拳心向下）至胸前平屈后振。

3拍：两臂经体侧向前绕至上举，掌心向前，稍抬头。

4拍：还原成直立。

5～8拍同1～4拍，但第六拍换右脚做。

九、扩胸运动分解动作九

预备　1　2　3　4

图3-7-29　扩胸动作分解动作九

预备姿势：直立。

1 拍：左脚侧出一大步，同时两臂经前至胸前平屈后振。

2 拍：向左转体 90° 成左弓步，同时两臂经前伸直（拳心向下）至侧平举后振。

3 拍：两臂再侧平举后振一次。

4 拍：还原成直立。

5 ～ 8 拍同 1 ～ 4 拍，但方向相反。

十、扩胸运动分解动作十

预备　1　2　3　4

图3-7-30　扩胸动作分解动作十

预备姿势：直立。

1 拍：两手半握拳，两臂经前至胸前平屈后振，拳心向下。

2 拍：左脚向前一大步成弓步，同时两臂经前伸直（拳心向下）至侧平举后振。

3 拍：两臂经前（掌心向后）向下后振。

4 拍：左脚蹬回，两臂还原至两侧成直立。

5 ～ 8 拍同 1 ～ 4 拍，但第六拍换右脚做。

第四节　踢腿动作示例

踢腿动作分解动作一至十如图 3-7-31 ～图 3-7-40 所示。

一、踢腿运动分解动作一

预备　1　2　3　4

图3-7-31　踢腿运动分解动作一

预备姿势：直立，两手叉腰。

1 拍：左腿屈膝前举，脚尖绷直，右脚支撑。

2 拍：左腿用力向前伸直。

3 拍：还原成1拍的姿势。

4 拍：还原成预备姿势。

5 ～ 8 拍同 1 ～ 4 拍，但换右脚做。第四个八拍的最后一拍还原成直立。

二、踢腿运动分解动作二

预备　1　2　3　4

图3-7-32　踢腿运动分解动作二

预备姿势：直立，两手叉腰。

1 拍：左腿屈膝侧举，脚尖绷直，右脚支撑。

2 拍：左腿用力向侧伸直。

3 拍：还原成 1 拍的姿势。

4 拍：还原成预备的姿势。

5 ～ 8 拍同 1 ～ 4 拍，但换右脚做。第四个八拍的最后一拍还原成直立。

三、踢腿运动分解动作三

预备　1　2　3　4

图3-7-33　踢腿运动分解动作三

预备姿势：直立。

1 拍：左腿前踢（与上体约成 90°），脚尖绷直，同时两手叉腰。

2 拍：左腿还原。

3 拍：右腿前踢（与上体约成 90°），脚尖绷直，同时两手叉腰。

4 拍：右腿还原。

5 ～ 8 拍同 1 ～ 4 拍，但第四个八拍的最后一拍还原成直立。

四、踢腿运动分解动作四

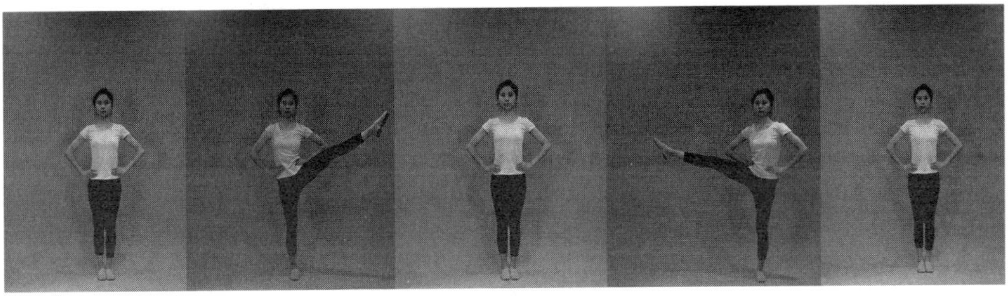

预备　1　2　3　4

图3-7-34　踢腿运动分解动作四

预备姿势：直立，两手叉腰。

1 拍：左腿侧踢，脚尖绷直。

2 拍：左腿还原。

3 拍：右腿侧踢，脚尖绷直。

4 拍：右腿还原。

5 ～ 8 拍同 1 ～ 4 拍，但第四个八拍的最后一拍还原成直立。

五、踢腿运动分解动作五

预备　　1　　2　　3　　4

图3-7-35　踢腿运动分解动作五

预备姿势：直立。

1 拍：左腿后踢，脚尖绷直，同时两臂经前至上举后振，掌心向前。

2 拍：还原成直立。

3 拍：右腿后踢，脚尖绷直，同时两臂经前至上举后振，掌心向前。

4 拍：还原成直立。

5 ～ 8 拍同 1 ～ 4 拍。

六、踢腿运动分解动作六

预备　　1　　2　　3　　4

图3-7-36　踢腿运动分解动作六

预备姿势：直立。

1 拍：左脚向前半步，重心移至左脚上，右脚前掌着地，同时两臂侧平举。

2 拍：右腿前踢，脚尖绷直，同时两手触右脚面。

3 拍：还原成 1 拍的姿势。

4 拍：左脚收回，两臂还原至两侧成直立。

5 ～ 8 拍同 1 ～ 4 拍，但换右腿做。

七、踢腿运动分解动作七

预备　　1　　2　　3　　4

图3-7-37　踢腿运动分解动作七

预备姿势：直立。

1 拍：两臂侧平举，与肩持平，掌心向下。

2 拍：左腿侧踢，脚尖绷直，同时左手叉腰，右臂上举（掌心向左）。

3 拍：还原成 1 拍的姿势。

4 拍：还原成直立。

5 ～ 8 拍同 1 ～ 4 拍，但第六拍换右腿做。

八、踢腿运动分解动作八

预备　　1　　2　　3　　4

图3-7-38　踢腿运动分解动作八

预备姿势：直立。

1 拍：左脚向前半步，重心移至左脚上，右脚前掌着地，同时两臂经前至上举。

2 拍：右腿前踢，脚尖绷直，同时两手腿下击掌。

3 拍：还原成 1 拍的姿势。

4 拍：左脚收回，两臂还原至两侧成直立。

5 ～ 8 拍同 1 ～ 4 拍，但换右脚做。

九、踢腿运动分解动作九

预备　　1　　2　　3　　4

图3-7-39　踢腿运动分解动作九

预备姿势：直立。

1 拍：左脚侧出半步，同时两臂侧平举，两肩持平，掌心向下。

2 拍：右腿向左侧上踢，同时右脚面触左手。

3 拍：还原成 1 拍的姿势。

4 拍：左脚收回，两臂还原至两侧成直立。

5 ～ 8 拍同 1 ～ 4 拍，但方向相反。

十、踢腿运动分解动作十

预备　　1　　2　　3　　4

图3-7-40　踢腿运动分解动作十

预备姿势：直立。

1 拍：左脚向前半步，重心移至左脚上，右脚掌着地，同时两臂经前至上举，掌心向前。

2 拍：右腿前踢，脚尖绷直，同时两手腿下击掌。

3 拍：右腿落下成前弓步，同时两臂经前至侧平举，两肩持平，掌心向下，稍抬头。

4 拍：左脚蹬回，两臂还原至两侧成直立。

5 ～ 8 拍同 1 ～ 4 拍，但换右脚做。

第五节　体侧动作示例

体侧运动分解动作一至十如图 3-7-41 ～图 3-7-50 所示。

一、体侧运动分解动作一

图3-7-41　体侧运动分解动作一

预备姿势：直立。

1 拍：左脚侧出一步，同时两臂侧平举，与肩持平，掌心向下。

2 拍：两手叉腰，同时向左侧屈。

3 拍：还原成 1 拍的姿势。

4 拍：左脚收回，两臂还原至两侧成直立。

5 ～ 8 拍同 1 ～ 4 拍，但方向相反。

二、体侧运动分解动作二

图3-7-42　体侧运动分解动作二

预备姿势：直立。

1 拍：左脚侧出一步，同时两臂侧平举，与肩持平，掌心向下。

2 拍：两手扶后脑，同时向左侧屈。

3 拍：还原成 1 拍的姿势。

4 拍：左脚收回，两臂还原成直立。

5 ～ 8 拍同 1 ～ 4 拍，但方向相反。

三、体侧运动分解动作三

预备　1　2　3　4

图3-7-43　体侧运动分解动作三

预备姿势：直立。

1 拍：左脚侧出一步，同时两臂侧平举，与肩持平，掌心向下。

2 拍：左手叉腰，同时右臂上举，向左侧屈。

3 拍：还原成 1 拍的姿势。

4 拍：左脚收回，两臂还原至两侧成直立。

5 ～ 8 拍同 1 ～ 4 拍，但方向相反。

四、体侧运动分解动作四

预备　1　2　3　4

图3-7-44　体侧运动分解动作四

预备姿势：直立。

1 拍：左脚侧出一步，同时两臂侧平举，与肩持平，掌心向下。

2 拍：两臂上举头上击掌，同时向左侧屈。

3 拍：还原成 1 拍的姿势。

4 拍：左脚收回，两臂还原至两侧成直立。

5 ～ 8 拍同 1 ～ 4 拍，但方向相反。

五、体侧运动分解动作五

预备　1　2　3　4

图3-7-45　体侧运动分解动作五

预备姿势：直立。

1 拍：左脚侧出一步，同时两臂侧平举，与肩持平，掌心向下。

2 拍：两手叉腰，同时向左侧屈。

3 拍：还原成 1 拍的姿势。

4 拍：左脚收回，两臂还原至两侧成直立。

5 ～ 8 拍同 1 ～ 4 拍，但方向相反。

六、体侧运动分解动作六

预备　1　2　3　4

图3-7-46　体侧运动分解动作六

预备姿势：直立。

1 拍：左脚侧出一步，同时两臂侧平举，与肩持平，掌心向下。

2 拍：两手扶后脑，同时向左侧屈。

3 拍：再向左侧屈一次。

4 拍：还原成直立。

5～8拍同1～4拍，但方向相反。

七、体侧运动分解动作七

预备　1　2　3　4

图3-7-47　体侧运动分解动作七

预备姿势：直立。

1拍：左脚侧出一步，同时两臂侧平举，与肩持平，掌心向下。

2拍：两臂上举，同时向左侧屈。

3拍：向右侧屈。

4拍：还原成直立。

5～8拍同1～4拍，但方向相反。

八、体侧运动分解动作八

预备　1　2　3　4

图3-7-48　体侧运动分解动作八

预备姿势：直立。

1拍：左脚侧出一大步成弓步，同时左臂侧上举，右臂侧下举，眼看左手。

2拍：重心移至右腿，同时左手叉腰，右臂上举，向左侧屈。

3拍：还原成1拍的姿势。

4拍：左脚蹬回，两臂还原至两侧成直立。

5～8拍同1～4拍，但方向相反。

九、体侧运动分解动作九

预备　1　2　3　4

图3-7-49　体侧运动分解动作九

预备姿势：直立。

1拍：左脚侧出一步，同时两臂侧平举，与肩持平，掌心向下。

2拍：左手叉腰，同时右臂上举，向左侧屈。

3拍：再向左侧屈一次。

4拍：还原成直立。

5～8拍同1～4拍，但方向相反。

十、体侧运动分解动作十

预备　1　2　3　4　5　6　7　8

图3-7-50　体侧运动分解动作十

预备姿势：直立。

1拍：左脚侧出一步，同时两臂侧平举，与肩持平，掌心向下。

2拍：两手叉腰，向左侧屈。

3拍：还原成1拍的姿势。

4拍：两手扶后脑，向左侧屈。

5拍：还原成1拍的姿势。

6拍：两臂上举，向左侧屈。

7拍：还原成1拍的姿势。

8拍：左脚收回，两臂还原至两侧成直立。

第二个八拍同第一个八拍，但方向相反。

第六节　体转动作示例

体转运动分解动作一至十如图 3-7-51 ～图 3-7-60 所示。

一、体转运动分解动作一

预备　1　2　3　4

图3-7-51　体转运动分解动作一

预备姿势：直立。

1 拍：左脚侧出一步，同时两臂侧平举，与肩持平，掌心向下。

2 拍：上体向左转动（约 90°），同时两手叉腰。

3 拍：还原成 1 拍的姿势。

4 拍：左脚收回，两臂还原至两侧成直立。

5 ～ 8 拍同 1 ～ 4 拍，但方向相反。

二、体转运动分解动作二

预备　1　2　3　4

图3-7-52　体转运动分解动作二

预备姿势：直立。

1 拍：左脚侧出一步，同时两臂侧平举，与肩持平，掌心向下。

2 拍：上体向左转动（约 90°），同时两手击掌。

3 拍：还原成 1 拍的姿势。

4 拍：左脚收回，两臂还原至两侧成直立。

5 ～ 8 拍同 1 ～ 4 拍，但方向相反。

三、体转运动分解动作三

预备　　1　　2　　3　　4

图3-7-53　体转运动分解动作三

预备姿势：直立。

1 拍：左脚侧出一步，同时两臂前举。

2 拍：上体向左转动（约 90°），同时左臂经上至侧举，掌心向上。

3 拍：还原成 1 拍的姿势。

4 拍：左脚收回，两臂还原成直立。

5 ～ 8 拍同 1 ～ 4 拍，但方向相反。

四、体转运动分解动作四

预备　　1　　2　　3　　4

图3-7-54　体转运动分解动作四

预备姿势：直立。

1 拍：左脚侧出一步，同时两臂侧平举，与肩持平，掌心向下。

2 拍：上体向左转动（约 90°），同时两臂经下至上举，掌心向前。

3 拍：还原成 1 拍的姿势。

4 拍：左脚收回，两臂还原成直立。

5 ～ 8 拍同 1 ～ 4 拍，但方向相反。

五、体转运动分解动作五

预备　　1　　2　　3　　4

图3-7-55　体转运动分解动作五

预备姿势：直立。

1 拍：左脚侧出一步，同时两臂前平举，掌心相对。

2 拍：上体向左转动（约 90°），同时左臂侧后举，掌心向上，右臂胸前平屈，眼看左手。

3 拍：还原成 1 拍的姿势。

4 拍：左脚收回，两臂还原至两侧成直立。

5 ～ 8 拍同 1 ～ 4 拍，但方向相反。

六、体转运动分解动作六

预备　　1　　2　　3　　4

图3-7-56　体转运动分解动作六

预备姿势：直立。

1 拍：左脚侧出一步，同时两臂侧平举，掌心向下。

2 拍：上体向左转动（约 90°），同时两手扶后脑。

3 拍：还原成 1 拍的姿势。

4 拍：左脚收回，还原成直立。

5 ～ 8 拍同 1 ～ 4 拍，但方向相反。

七、体转运动分解动作七

预备 1 2 3 4

图3-7-57 体转运动分解动作七

预备姿势：直立。

1 拍：左脚侧出一步，同时两臂上举，掌心向前。

2 拍：上体向左转动（约 90°），同时左臂由上至后侧举，掌心向上。

3 拍：还原成 1 拍的姿势。

4 拍：还原成直立。

5 ～ 8 拍同 1 ～ 4 拍，但方向相反。

八、体转运动分解动作八

预备 1 2 3 4

图3-7-58 体转运动分解动作八

预备姿势：直立。

1 拍：左脚侧出一步，同时两臂侧举，掌心向上。

2 拍：上体向左转动（约 90°），手臂保持掌心向上。

3 拍：还原成 1 拍的姿势。

4 拍：左脚收回，两臂还原至两侧成直立。

5 ～ 8 拍同 1 ～ 4 拍，但方向相反。

九、体转运动分解动作九

图3-7-59　体转运动分解动作九

预备姿势：直立。

1 拍：两臂前平屈，掌心向下。

2 拍：左脚侧出一步，上体向左转动（约 90°），同时两臂经前掌心向上至侧平举。

3 拍：还原成 1 拍的姿势。

4 拍：还原成直立。

5 ～ 8 拍同 1 ～ 4 拍，但方向相反。

十、体转运动分解动作十

图3-7-60　体转运动分解动作十

预备姿势：直立。

1 拍：左脚侧出一步，同时两臂侧平举，掌心向下。

2 拍：上体向左转动（约 90°），同时两臂经上向前绕至侧后下举。

3 拍：还原成 1 拍的姿势。

4 拍：左脚收回，两臂还原至两侧成直立。

5 ～ 8 拍同 1 ～ 4 拍，但方向相反。

第七节　腹背动作示例

腹背动作分解动作一至十如图 3-7-61 ～图 3-7-70 所示。

一、腹背运动分解动作一

预备　1　2　3　4

图3-7-61　腹背运动分解动作一

预备姿势：直立。

1 拍：左脚侧出一步，同时两臂侧平举，掌心向下。

2 拍：上体前屈（与地面平行），同时两手叉腰。

3 拍：还原成 1 拍的姿势。

4 拍：左脚收回，两臂还原至两侧成直立。

5 ～ 8 拍同 1 ～ 4 拍，但换右脚做。

二、腹背运动分解动作二

预备　1　2　3　4

图3-7-62　腹背运动分解动作二

预备姿势：直立。

1 拍：左脚侧出一步，同时两手叉腰。

2 拍：上体前屈（与地面平行），同时两臂侧平举，掌心向下。

3 拍：上体伸直，同时两手叉腰。

4 拍：左脚收回，两臂还原至两侧成直立。

5 ～ 8 拍同 1 ～ 4 拍，但换右脚做。

三、腹背运动分解动作三

预备 1 2 3 4

图3-7-63　腹背运动分解动作三

预备姿势：直立。

1 拍：左脚侧出一步，同时两臂侧平举，掌心向下。

2 拍：上体前屈（与地面平行）。

3 拍：上体伸直，同时两手叉腰。

4 拍：左脚收回，两臂还原至两侧成直立。

5 ～ 8 拍同 1 ～ 4 拍，但换右脚做。

四、腹背运动分解动作四

预备 1 2 3 4

图3-7-64　腹背运动分解动作四

预备姿势：直立。

1 拍：左脚侧出一步，同时两臂侧平举，掌心向下。

2 拍：体前屈，手指触地。

3 拍：左脚收回，同时两臂经前至上举至顶点，掌心向前，抬头、体后屈。

4 拍：还原成直立。

5 ～ 8 拍同 1 ～ 4 拍。

五、腹背运动分解动作五

预备　　1　　2　　3　　4

图3-7-65　腹背运动分解动作五

预备姿势：直立。

1 拍：两臂经前上举至顶点，掌心向前，抬头，体后屈。

2 拍：体前屈，手指触地。

3 拍：还原成 1 拍的姿势。

4 拍：还原成直立。

5 ～ 8 拍同 1 ～ 4 拍。

六、腹背运动分解动作六

预备　　1　　2　　3　　4

图3-7-66　腹背运动分解动作六

预备姿势：直立。

1 拍：两臂经前上举至顶点，掌心向前，抬头，体后屈。

2 拍：体前屈，手指触地。

3 拍：上体伸直，屈膝半蹲，同时两臂前举，掌心向下。

4 拍：腿伸直，两臂还原至两侧成直立。

5 ～ 8 拍同 1 ～ 4 拍。

七、腹背运动分解动作七

图3-7-67　腹背运动分解动作七

预备姿势：直立。

1 拍：两臂经前上举至顶点，掌心向前，抬头，体后屈。

2 拍：再体后屈一次。

3 拍：体前屈，手指触地。

4 拍：还原成直立。

5 ～ 8 拍同 1 ～ 4 拍。

八、腹背运动分解动作八

图3-7-68　腹背运动分解动作八

预备姿势：直立。

1 拍：左脚侧出一步，同时两臂经前上举至顶点，掌心向前，抬头，体后屈。

2 拍：左脚收回，体前屈，手指触地。

3 拍：两腿并拢半蹲，同时两手扶膝（两肘外分，手指相对）。

4 拍：还原成直立。

5 ～ 8 拍同 1 ～ 4 拍，但换右脚做。

九、腹背运动分解动作九

预备　1　2　3　4

图3-7-69　腹背运动分解动作九

预备姿势：直立。

1 拍：左脚侧出一步，同时两臂经前上举至顶点，掌心向前，抬头，体后屈。

2 拍：体前屈，手掌触地。

3 拍：再体前屈一次。

4 拍：还原成直立。

5 ～ 8 拍同 1 ～ 4 拍，但换右脚做。

十、腹背运动分解动作十

预备　1　2　3　4

图3-7-70　腹背运动分解动作十

预备姿势：直立。

1 拍：左脚侧出一步，同时两臂经前上举至顶点，掌心向前，抬头，体后屈。

2 拍：上体左前屈，同时两手触脚面。

3 拍：上体右前屈，同时两手触脚面。

4 拍：还原成直立。

5 ～ 8 拍同 1 ～ 4 拍，担换右脚做。

第八节　全身动作示例

全身运动分解动作一至十如图 3-7-71 ～图 3-7-80 所示。

一、全身运动分解动作一

预备　1　2　3　4

图3-7-71　全身运动分解动作一

预备姿势：直立。

1 拍：两臂经侧上举至顶点，掌心向前。

2 拍：左脚向左前（约 45°）一大步成弓步，同时左臂侧前上举，右臂侧后下举，两手掌心向下，抬头挺胸，眼看左手。

3 拍：还原成 1 拍的姿势。

4 拍：两臂还原至两侧成直立。

5 ～ 8 拍同 1 ～ 4 拍，但第六拍换右脚做。

二、全身运动分解动作二

预备　1　2　3　4

图3-7-72　全身运动分解动作二

预备姿势：直立。

1 拍：左脚向前一大步成弓步，同时两臂经前上举至顶点，掌心向前。

2 拍：上体前屈，两臂后举，掌心相对。

3 拍：还原成 1 拍的姿势。

4 拍：左脚蹬回，两臂还原至两侧成直立。

5 ～ 8 拍同 1 ～ 4 拍，但换右脚做。

三、全身运动分解动作三

预备　1　2　3　4

图3-7-73　全身运动分解动作三

预备姿势：直立。

1 拍：两臂经前至上举至顶点，掌心向前，抬头，体后屈。

2 拍：体前屈，手指触地。

3 拍：上体抬起，两臂经前至上举至顶点，掌心向前，同时左脚向前一大步成弓步，稍抬头。

4 拍：左脚蹬回，两臂还原至两侧成直立。

5 ～ 8 拍同 1 ～ 4 拍，但第七拍换右脚做。

四、全身运动分解动作四

预备　1　2　3　4

图3-7-74　全身运动分解动作四

预备姿势：直立。

1 拍：两臂侧举，与肩持平，掌心向下。

2 拍：两臂向下（经体前交叉）绕为上举至顶点，掌心向前。

3 拍：左脚向左前（约 45°）一大步成弓步，同时左臂侧前上举，右臂侧后下举，两手掌心向下，抬头挺胸，眼看左手。

4 拍：还原成直立。

5 ～ 8 拍同 1 ～ 4 拍，但方向相反。

五、全身运动分解动作五

预备　　1　　2　　3　　4

图3-7-75　全身运动分解动作五

预备姿势：直立。

1 拍：左脚侧出一大步，同时两臂经前至上举，掌心向前，抬头、体后屈。

2 拍：右腿屈膝半蹲，左腿伸直，同时上体左屈，两手触左脚面。

3 拍：还原成 1 拍的姿势。

4 拍：左脚蹬回，两臂还原至两侧成直立。

5 ～ 8 拍同 1 ～ 4 拍，换右脚做，方向相反。

六、全身运动分解动作六

预备　　1　　2　　3　　4

图3-7-76　全身运动分解动作六

预备姿势：直立。

1拍：左脚向前一大步成弓步，同时两臂经前至上举，稍抬头。

2 拍：左腿伸直，重心移至右脚，右腿屈膝半蹲，同时上体左屈，两手触左脚面。

3 拍：还原成 1 拍的姿势。

4 拍：左脚蹬回，两臂还原至两侧成直立。

5 ～ 8 拍同 1 ～ 4 拍，换右脚做。

七、全身运动分解动作七

预备 1 2 3 4

图3-7-77 全身运动分解动作七

预备姿势：直立。

1 拍：左脚向前一大步成弓步，同时两臂经前至上举，掌心向前，稍抬头。

2 拍：上体右转，右腿伸直，重心移至左脚，左腿半蹲，同时上体右屈，两手触右脚面。

3 拍：还原成 1 拍的姿势。

4 拍：左脚蹬回，两臂还原至两侧成直立。

5 ～ 8 拍同 1 ～ 4 拍，换右脚做，方向相反。

八、全身运动分解动作八

预备 1 2 3 4

图3-7-78 全身运动分解动作八

预备姿势：直立。

1 拍：左脚向前一大步成弓步，同时两臂经侧至上举击掌，掌心向前，抬头挺胸。

2 拍：体前屈，两臂经侧在左腿下击掌。

3 拍：还原成 1 拍的姿势。

4 拍：左脚蹬回，两臂还原至两侧成直立。

5 ～ 8 拍同 1 ～ 4 拍，换右脚做。

九、全身运动分解动作九

图3-7-79　全身运动分解动作九

预备姿势：直立。

1 拍：蹲撑。

2 拍：上体、腿伸直，左腿后踢，同时两臂经前至上举后振，掌心向前。

3 拍：还原成 1 拍的姿势。

4 拍：还原成直立。

5 ～ 8 拍同 1 ～ 4 拍，第六拍换右腿做。

十、全身运动分解动作十

图3-7-80　全身运动分解动作十

预备姿势：直立。

1 拍：两臂经侧上举至顶点，掌心向前。

2 拍：蹲撑。

3 拍：上体、腿伸直，左腿侧踢，同时两臂经前至上举。

4 拍：还原成直立。

5 ～ 8 拍同 1 ～ 4 拍，第七拍换右腿做。

第九节 跳跃动作示例

跳跃动作分解动作一至十如图 3-7-81 ～图 3-7-90 所示。

一、跳跃运动分解动作一

预备 1 2 3 4

图3-7-81 跳跃运动分解动作一

预备姿势：直立。

1 拍：两脚跳成开立，同时两臂侧平举，掌心向下，与肩持平。

2 拍：两脚跳成并腿，同时两臂上举击掌。

3 拍：还原成 1 拍的姿势。

4 拍：两脚跳成并腿，同时两臂还原至两侧成直立。

5 ～ 8 拍同 1 ～ 4 拍。

二、跳跃运动分解动作二

预备 1 2 3 4

图3-7-82 跳跃运动分解动作二

预备姿势：直立。

1 拍：两脚跳成开立，同时两臂侧平举，掌心向下，与肩持平。

2 拍：两脚跳成并腿，同时两手叉腰。

3 拍：还原成 1 拍的姿势。

4 拍：两脚跳成并腿，同时两臂还原至两侧成直立。

5 ～ 8 拍同 1 ～ 4 拍。

三、跳跃运动分解动作三

预备　　1　　2　　3　　4

图3-7-83　跳跃运动分解动作三

预备姿势：直立。

1 拍：两脚跳成开立，同时两手叉腰。

2 拍：两脚跳成并腿，同时两臂上举击掌。

3 拍：还原成 1 拍的姿势。

4 拍：两脚跳成并腿，同时两臂经侧还原成直立。

5 ～ 8 拍同 1 ～ 4 拍。

四、跳跃运动分解动作四

预备　　1　　2　　3　　4

图3-7-84　跳跃运动分解动作四

预备姿势：直立。

1 拍：两脚跳成开立，同时两手叉腰。

2 拍：两脚跳成并腿，同时两臂侧平举，与肩持平，掌心向下。

3 拍：两脚跳成开立，同时两臂上举至顶点，掌心相对。

4 拍：两脚跳成并腿，同时两臂经侧还原成直立。

5 ～ 8 拍同 1 ～ 4 拍。

五、跳跃运动分解动作五

预备　1　2　3　4

图3-7-85　跳跃运动分解动作五

预备姿势：直立。

1 拍：两脚跳成开立，同时两臂经侧上举击掌。

2 拍：两脚跳成并腿，同时两手叉腰。

3 拍：两脚跳成开立，同时两臂侧举，与肩持平，掌心向下。

4 拍：还原成 2 拍的姿势。

5 ～ 8 拍同 1 ～ 4 拍，但第二个八拍的最后一拍还原成直立。

六、跳跃运动分解动作六

预备　1　2　3　4

图3-7-86　跳跃运动分解动作六

预备姿势：直立。

1 拍：两脚跳成开立，同时两手叉腰。

2 拍：两脚跳成并腿，同时两侧肩侧屈，手指触肩。

3 拍：两脚跳成开立，同时两手侧上举。

4 拍：两脚跳成并腿，同时两臂经侧还原成直立。

5 ～ 8 拍同 1 ～ 4 拍。

七、跳跃运动分解动作七

预备　1　2　3　4

图3-7-87　跳跃运动分解动作七

预备姿势：直立。

1 拍：两脚跳成开立，同时两臂前举。

2 拍：两脚跳成并腿，同时两臂头上击掌。

3 拍：两脚跳成开立，同时两臂侧平举，与肩持平，掌心向下。

4 拍：两脚跳成并腿，同时两臂还原至两侧成直立。

5 ～ 8 拍同 1 ～ 4 拍，但第七拍换右脚在前，左脚在后。

八、跳跃运动分解动作八

预备　1　2　3　4

图3-7-88　跳跃运动分解动作八

预备姿势：直立。

1 拍：两脚跳成开立，同时两臂侧举，与肩持平，掌心向下。

2 拍：两脚跳成并腿，同时两手叉腰。

3 拍：两脚跳成开立，同时两臂侧举，与肩持平，掌心向下。

4 拍：两脚跳成并腿，同时两臂还原至两侧成直立。

5 ～ 8 拍同 1 ～ 4 拍，但第七拍换右脚在前，左脚在后。

九、跳跃运动分解动作九

预备　1　2　3　4

图3-7-89　跳跃运动分解动作九

预备姿势：直立。

2 拍：两脚跳成开立，同时两臂体前击掌。

2 拍：两脚跳成并腿，同时两臂体后击掌。

3 拍：两脚跳成开立，同时两臂经侧至上举击掌。

4 拍：两脚跳成并腿，同时两臂经侧还原成直立。

5 ～ 8 拍同 1 ～ 4 拍。

十、跳跃运动分解动作十

预备　1　2　3　4

图3-7-90　跳跃运动分解动作十

预备姿势：直立。

1 拍：并腿向上跳一次，同时两手叉腰。

2 拍：再向上跳一次。

3 拍：两脚跳成并腿，同时两手肩侧屈，手指触肩。

4 拍：两脚跳成并腿，还原成直立。

5 ～ 8 拍同 1 ～ 4 拍。

第八章　成套徒手体操动作示例

主要内容

本章主要以成套徒手动作、行进间成套徒手动作、双人徒手体操动作等为例，为成套徒手体操与创编起到参考作用。

教学目标

熟悉掌握各类徒手体操的成套示例。

第一节　第一套徒手体操动作示例

第一套徒手体操上肢运动、扩胸运动、踢腿运动、体侧运动、体转运动、腹背运动、全身运动、跳跃运动分解动作如图 3-8-1 ～图 3-8-8 所示。

一、上肢运动分解动作

预备　1　2　3　4

图3-8-1　第一套徒手体操上肢运动分解动作

预备姿势：直立。

1 拍：左脚侧出一步，同时两臂前举。

2 拍：两臂上举。

3 拍：两臂侧举。

4 拍：左脚收回，两臂还原至两侧成直立。

5 ～ 8 拍同 1 ～ 4 拍，但换右脚做。

要求：动作要轻松舒展。

二、扩胸运动分解动作

预备　1　2　3　4

图3-8-2　第一套徒手体操扩胸运动分解动作

预备姿势：直立。

1 拍：两脚开立，两手半握拳，两臂经前至胸前平屈后振，拳心向下。

2 拍：左脚向前一大步成弓步，同时两臂经前伸直（拳心向下）至胸前平屈后振。

3 拍：两臂经前（掌心向后）向下后振。

4 拍：左脚蹬回，两臂还原至两侧成直立。

5 ～ 8 拍同 1 ～ 4 拍，第六拍换右脚做。

要求：扩胸时臂要平，上体保持正直，成弓步时脚跟不要提起。

三、踢腿运动分解动作

预备　1　2　3　4

图3-8-3　第一套徒手体操踢腿运动分解动作

预备姿势：直立。

1 拍：左脚向前半步，重心移至左脚上右脚掌着地，同时两臂经前至上举，掌心向前。

2 拍：右脚前踢，脚尖绷直，同时两手触右脚面。

3 拍：还原成 1 拍的姿势。

4 拍：左脚收回，两臂经前还原成直立。

5 ～ 8 拍同 1 ～ 4 拍，但换右脚做。

要求：(1) 踢腿时，脚面绷直，两膝不要弯曲，上体保持正直。

(2) 踢腿时，要用脚面触指尖。

四、体侧运动分解动作

预备　1　2　3　4

图3-8-4　第一套徒手体操体侧运动分解动作

预备姿势：直立。

1 拍：左脚侧出一步，同时两臂侧举。

2 拍：左手叉腰，同时右臂上举，向左侧屈。

3 拍：还原成 1 拍的姿势。

4 拍：左脚收回，两臂还原成直立。

5 ～ 8 拍同 1 ～ 4 拍，但方向相反。

要求：(1) 体侧屈时两腿和上举臂要直。

(2) 侧屈时不要转体或前倾。

五、体转运动分解动作

图3-8-5　第一套徒手体操体转运动分解动作

预备姿势：直立。

1 拍：左脚侧出一大步，同时两臂侧举。

2 拍：上体向左转动（约 90°），同时两手叉腰。

3 拍：还原成 1 拍的姿势。

4 拍：左脚收回，两臂还原至两侧成直立 .

5 ～ 8 拍同 1 ～ 4 拍，但方向相反。

要求：上体转动时腿要直，脚不要移动。

六、腹背运动分解动作

图3-8-6　第一套徒手体操腹背运动分解动作

预备姿势：直立。

1 拍：两臂经前上举，掌心向前，抬头，体后屈。

2 拍：体前屈，手指触地。

3 拍：还原成 1 拍的姿势。

4 拍：还原成直立。

5 ～ 8 拍同 1 ～ 4 拍。

要求：（1）体前后屈动作要做得充分。

（2）两脚不要弯曲。

七、全身运动分解动作

预备　　1　　2　　3　　4

图3-8-7　第一套徒手体操全身运动分解动作

预备姿势：直立。

1 拍：左脚向前一大步成弓步，同时两臂经前至上举。

2 拍：上体前屈，同时两臂经前至后举，掌心相对。

3 拍：还原成 1 拍的姿势。

4 拍：左脚蹬回，两臂经前还原成直立。

5 ～ 8 拍同 1 ～ 4 拍，但换右脚做。

要求：做弓步时，后脚跟不要提起。

八、跳跃运动分解动作

预备　　1　　2　　3　　4

图3-8-8　第一套徒手体操跳跃运动分解动作

预备姿势：直立。

1 拍：两脚跳成开立，同时两臂侧平举。

2 拍：两脚跳成并腿，同时两臂上举击掌。

3 拍：跳成 1 拍的姿势。

4 拍：两脚跳成并腿，同时两臂还原至两侧成直立。

5 ～ 8 拍同 1 ～ 4 拍。

要求：（1）用前脚掌起跳，向上跳时两腿要充分蹬伸。

（2）头上击掌时，颈部正直，大臂靠近耳部。

第二节　第二套徒手体操动作示例

第二套徒手体操头部运动、伸展运动、踢腿运动、体侧运动、体转运动、腹背运动、全身运动、跳跃运动分解动作如图 3-8-9 ～图 3-8-16 所示。

一、头部运动分解动作

预备　1　2　3　4　5　6　7　8

图3-8-9　第二套徒手体操头部运动分解动作

预备姿势：直立。

1 拍：头前屈。

2 拍：头还原成直立。

3 拍：头后屈。

4 拍：头还原成直立。

5 拍：头左屈，两手叉腰。

6 拍：头还原成直立，两手叉腰。

7 拍：头右屈，两手叉腰。

8 拍：头还原成直立，两手叉腰。

第二个八拍同第一个八拍。

要求：头前后、左右屈动作要做得充分。

二、伸展运动分解动作

预备　1　2　3　4

图3-8-10　第二套徒手体操伸展运动分解动作

预备姿势：直立。

1拍：左脚侧出一步，同时两臂肩侧屈，手指触肩。

2拍：向左转体90°，重心移至左脚上，右脚掌着地，同时两臂侧上举，稍抬头。

3拍：还原成1拍的姿势。

4拍：左脚收回，两臂经前还原成直立。

5～8拍同1～4拍，但方向相反。

要求：动作要舒展、有力。

三、踢腿运动分解动作

预备　　1　　2　　3　　4

图3-8-11　第二套徒手体操踢腿运动分解动作

预备姿势：直立。

1拍：左脚侧出半步，同时两臂侧举，掌心向下，与肩持平。

2拍：右腿向左前侧上踢，同时左手触右脚面。

3拍：还原成1拍的姿势。

4拍：左脚收回，两臂还原至两侧成直立。

5～8拍同1～4拍，但方向相反。

要求：踢腿时，脚面绷直，两膝不要弯曲，上体保持正直。

四、体侧运动分解动作

预备　　1　　2　　3　　4

图3-8-12　第二套徒手体操体侧运动分解动作

预备姿势：直立。

1 拍：左脚侧出一步，同时两臂侧举，与肩持平，掌心向下。

2 拍：两手扶后脑，向左侧屈。

3 拍：再向左侧屈一次。

4 拍：还原成直立。

5 ～ 8 拍同 1 ～ 4 拍，但方向相反。

要求：（1）两手扶后脑时，应尽量后张。

（2）侧屈时不要转体或前倾，动作要有弹性。

五、体转运动分解动作

预备　1　2　3　4

图3-8-13　第二套徒手体操体转运动分解动作

预备姿势：直立。

1 拍：左脚侧出一步，同时两手叉腰。

2 拍：上体向左转动（约 90°），同时两臂侧举，与肩持平，掌心向上。

3 拍：上体向右转动（约 180°）。

4 拍：还原成直立。

5 ～ 8 拍同 1 ～ 4 拍，但方向相反。

要求：（1）上体转动时，腿要直，脚不要移动。

（2）上体与头转动方向一致，两臂要举平。

六、腹背运动分解动作

预备　1　2　3　4

图3-8-14　第二套徒手体操腹背运动分解动作

预备姿势：直立。

1 拍：左脚侧出一步，同时两臂经前上举，掌心向前，抬头，体后屈。

2 拍：体前屈，手指触脚尖。

3 拍：左脚收回，两腿并拢半蹲，同时两手扶膝（两肘外分，手指相对）。

4 拍：还原成直立。

5 ～ 8 拍同 1 ～ 4 拍，但换右脚做。

要求：（1）体前后屈动作要做得充分，腿要直。

（2）半蹲时，两腿并拢，脚跟不要提起。

七、全身运动分解动作

预备 1 2 3 4

图3-8-15　第二套徒手体操全身运动分解动作

预备姿势：直立。

1拍：左脚向前一大步成弓步，同时两臂经前至上举，掌心向前。

2 拍：上体右转，右腿伸直，重心移至左脚，左腿半蹲，同时上体右屈，两手触右脚面。

3 拍：还原成1拍的姿势。

4 拍：左脚蹬回，两臂还原至两侧成直立。

5 ～ 8 拍同 1 ～ 4 拍，但换右脚做。

要求：（1）上体绕环时，幅度应尽量大些。

（2）体前后屈动作要做得充分，腿要直。

八、跳跃运动分解动作

预备 1 2 3 4

图3-8-16　第二套徒手体操跳跃运动分解动作

预备姿势：直立。

1 拍：两脚跳成开立，同时两臂前举，掌心相对。

2 拍：两脚跳成并腿，同时两臂上举至顶点，掌心相对。

3 拍：两脚跳成开立，同时两臂侧举，与肩持平，掌心向下。

4 拍：两脚跳成并腿，同时两臂还原至两侧成直立。

5 ～ 8 拍同 1 ～ 4 拍。

要求：（1）用前脚掌起跳，向上跳时两腿要充分蹬直。

（2）跳成开立时，两脚距离与肩同宽。

第三节 第三套徒手体操动作示例

第三套徒手体操上肢运动、下蹲运动、扩胸运动、踢腿运动、体侧运动、体转运动、腹背运动、跳跃运动分解动作如图 3-8-17 ～图 3-8-24 所示。

一、上肢运动分解动作

预备 1 2 3 4

图3-8-17 第三套徒手体操上肢运动分解动作

预备姿势：直立。

1 拍：左臂前举，右臂侧举，掌心向下。

2 拍：两臂侧上举，掌心向上。

3 拍：左臂侧举，右臂前举，掌心向下。

4 拍：还原成直立。

5 ～ 8 拍同 1 ～ 4 拍。

要求：动作要协调、舒展。

二、下蹲运动分解动作

预备　1　2　3　4

图3-8-18　第三套徒手体操下蹲运动分解动作

预备姿势：直立。

1 拍：两臂前举，与肩持平，掌心相对。

2 ～ 3 拍：两臂向上绕环至前举，掌心向下，同时屈膝半蹲。

4 拍：腿伸直，两臂还原至两侧成直立。

5 ～ 8 拍同 1 ～ 4 拍。

要求：2 ～ 3 拍动作要连贯。半蹲时，两膝并拢，脚跟不要提起。

三、扩胸运动分解动作

预备　1　2　3　4

图3-8-19　第三套徒手体操扩胸运动分解动作

预备姿势：直立。

1 拍：左脚向前一大步成弓步，同时两手半握拳，拳心向前，两臂经前（拳心相对）至侧平举后振。

2 拍：再侧平举后振一次。

3 拍：左脚蹬回并腿半蹲，同时两手扶膝（两肘外分，手指相对）。

4 拍：还原成直立。

5 ～ 8 拍同 1 ～ 4 拍，但换右脚做。

要求：（1）扩胸时，臂要平，上体保持正直。

（2）第二次扩胸时腿配合做自然颤动。

四、踢腿运动分解动作

图3-8-20　第三套徒手体操踢腿运动分解动作

预备姿势：直立。

1 拍：左腿前踢，同时两手叉腰。

2 拍：还原成直立。

3 拍：左腿后踢，同时两臂经前至上举后振，掌心向前，抬头。

4 拍：还原成直立。

5 ～ 8 拍同 1 ～ 4 拍，但换右脚做。

要求：（1）摆动腿和支撑腿要伸直绷紧。

（2）前踢时上体保持正直。

五、体侧运动分解动作

图3-8-21　第三套徒手体操体侧运动分解动作

预备姿势：直立。

1 拍：左脚侧出一步，同时两臂侧举，与肩持平，掌心向下。

2 拍：两手叉腰，向左侧屈。

3 拍：还原成 1 拍的姿势。

4 拍：两手扶后脑，向左侧屈。

5 拍：还原成 1 拍的姿势。

6 拍：两臂上举，掌心相对，向左侧屈。

7 拍：还原成 1 拍的姿势。

8 拍：左脚收回，两臂还原至两侧成直立。

第二个八拍同第一个八拍，但方向相反。

要求：（1）体侧屈时两腿要伸直。

（2）侧屈时不要转体或前倾。

六、体转运动分解动作

预备　　1　　2　　3　　4

图3-8-22　第三套徒手体操体转运动分解动作

预备姿势：直立。

1 拍：左脚侧出一步，两手半握拳，两臂胸前平屈（拳心向下），同时上体左转（约 90°）。

2 拍：再向左转动一次。

3 拍：左臂胸前平屈（拳变掌，掌心向下），右臂伸直经前至侧举（拳变掌，掌心向上），带动上体向右转动（约 180°），眼看右手。

4 拍：还原成直立。

5 ～ 8 拍同 1 ～ 4 拍，但方向相反。

要求：（1）动作过程中头要随上体自然转动。

（2）上体转动时腿要直，脚不要移动。

七、腹背运动分解动作

预备　　1　　2　　3　　4

图3-8-23　第三套徒手体操腹背运动分解动作

预备姿势：直立。

1 拍：左脚侧出一步，同时两臂经前至上举，掌心向前，抬头，体后屈。

2 拍：体前屈，手指触脚尖。

3 拍：再体前屈一次。

4 拍：还原成直立。

5 ～ 8 拍同 1 ～ 4 拍，但换右脚做。

要求：（1）体前后屈动作要做得充分，腿要直。

（2）第二次前屈幅度要大一些。

八、跳跃运动分解动作

预备　　1　　2　　3　　4

图3-8-24　第三套徒手体操跳跃运动分解动作

预备姿势：直立。

1 拍：并腿向上跳起一次，同时两手叉腰。

2 拍：再向上跳一次。

3 拍：并腿向上跳一次，同时向左转体 180°。

4 拍：并腿向上跳一次，同时向左转体 180°。

5 ～ 8 拍同 1 ～ 4 拍，但第七、八拍时向右转体 180°。

要求：(1) 用前脚掌起跳，向上跳起时两腿要充分蹬伸。

(2) 转体时上体要保持正直。

(3) 此节两手始终叉腰不动，最后才放下。

第四节　第四套徒手体操动作示例

第四套徒手体操头部运动、上肢运动、扩胸运动、踢腿运动、体侧运动、体转运动、全身运动、跳跃运动分解动作如图 3-8-25 ～图 3-8-32 所示。

一、头部运动分解动作

预备　1　2　3　4　5-6　7-8

图3-8-25　第四套徒手体操头部运动分解动作

预备姿势：直立。

1 拍：头前屈。

2 拍：头还原成直立。

3 拍：头后仰。

4 拍：头还原成直立。

5 ～ 6 拍：头向左绕环一周。

7 ～ 8 拍：头向右绕环一周。

第二个八拍同第一个八拍，但第四个八拍的最后一拍还原成直立。

要求：(1) 头前后屈动作要做得充分。

(2) 头绕环时上体要保持正直。

二、上肢运动分解动作

预备　　1　　2　　3　　4

图3-8-26　第四套徒手体操上肢运动分解动作

预备姿势：直立。

1 拍：左臂经下至前举，掌心向下，同时右臂经下至侧举。

2 拍：左臂经前至侧举，右臂经侧至前举，掌心向下。

3 ～ 4 拍：左脚侧出一步，右臂经下向外绕至侧举，左臂经下向内绕环至前举，掌心向下。

5 ～ 8 拍同 1 ～ 4 拍，但方向相反。第四个八拍的最后一拍还原成直立。

要求：3 ～ 4 拍动作要求连贯、协调。

三、扩胸运动分解动作

预备　　1　　2　　3　　4

图3-8-27　第四套徒手体操扩胸运动分解动作

预备姿势：直立。

1 拍：左脚侧出一大步，同时掌心向下，两臂经前至胸平屈后振。

2 拍：向左转体 90° 成左弓步，同时双手握拳，拳心向前，两臂经前伸直至侧举后振。

3 拍：再侧举后振一次。

4 拍：还原成直立。

5 ～ 8 拍同 1 ～ 4 拍，但方向相反。

要求：（1）扩胸时臂要平，上体保持正直，成弓步时脚跟不要提起。

（2）第三次扩胸时，前腿配合做自然颤动。

四、踢腿运动分解动作

预备　1　2　3　4

图3-8-28　第四套徒手体操踢腿运动分解动作

预备姿势：直立。

1 拍：左脚向左前（约 45°）一步成弓步，重心移至左脚上，右脚掌着地，同时两臂经前至上举，掌心向前，重心向前。

2 拍：右腿前踢，同时掌心向下，两臂经前落下左臂腹前右摆，右臂右侧后摆。

3 拍：还原成 1 拍的姿势。

4 拍：左脚收回，两臂还原至两侧成直立。

5 ～ 8 拍同 1 ～ 4 拍，但换右脚做。

要求：1. 两臂前上举时，上体不要转动。

2. 踢腿时，脚面绷直，两腿不要弯曲，上体保持正直。

五、体侧运动分解动作

预备　1　2　3　4

图3-8-29　第四套徒手体操体侧运动分解动作

预备姿势：直立。

1 拍：左脚侧出一步，同时两臂向右绕至上举，掌心相对，身体向左侧屈。

2 拍：左脚收回，同时两臂向右下绕还原成直立。

3 拍：右脚侧出一步，同时两臂向左绕至上举，掌心相对，身体向右侧屈。

4 拍：右脚收回，同时两臂向左下绕还原成直立。

5 ～ 8 拍同 1 ～ 4 拍，但方向相反。

要求：（1）体侧屈时，两腿和两臂要直。

（2）侧屈时，不要转体或前倾。

六、体转运动分解动作

预备　1　2　3　4

图3-8-30　第四套徒手体操体转运动分解动作

预备姿势；直立。

1 拍：左脚侧出一大步，同时两臂侧举，与肩持平，掌心向下。

2 拍：体前屈，右手触左脚面，左臂侧后举。

3 拍：上体抬起，同时两手握拳向右后上方摆动（右臂伸直，左臂胸前平屈），带动上体转动，眼看右手。

4 拍：还原成直立。

5 ～ 8 拍同 1 ～ 4 拍，但方向相反。

要求：（1）体前屈时，两腿伸直。

（2）转体时，腿要伸直，脚不要移动。

七、全身运动分解动作

预备　1-2　3　4　5　6-7　8

图3-8-31　第四套徒手体操全身运动分解动作

预备姿势：直立。

1～2拍：左脚侧出一步，同时两臂向前绕环一周半上举至顶点，掌心向前，抬头，体后屈。

3拍：体前屈，手指触脚尖。

4拍：左脚收回，两腿并拢半蹲，同时两手扶膝（两肘外分，手指相对）。

5拍：站立，同时两臂向前绕环一周半至上举，掌心向前。

6～7拍：左脚向前一大步成弓步，同时两臂侧举，双手握拳，拳心向前，与肩持平，抬头挺胸。

8拍：左脚蹬回，两臂还原至两侧成直立。

第二个八拍同第一个八拍，但换右脚做。

要求：（1）1～2拍、5～8拍动作要连贯；体前屈动作要做得充分，腿要直。

（2）半蹲时，两腿并拢，脚跟不要提起。

八、跳跃运动分解动作

图3-8-32　第四套徒手体操跳跃运动分解动作

预备姿势：直立。

1拍：并腿向上跳一次，同时左手叉腰。

2拍：并腿向上跳一次，同时双手叉腰。

3拍：并腿向上跳一次，同时左臂肩侧屈，手指触肩。

4拍：并腿向上跳一次，同时双臂肩侧屈，手指触肩。

5拍：并腿向上跳一次，同时左臂侧上举。

6拍：并腿向上跳一次，同时双臂侧上举。

7拍：并腿向上跳一次，同时两臂至上举击掌。

8拍：并腿向上跳一次，同时两臂经侧还原成直立。

第二个八拍同第一个八拍。

要求：（1）用前脚掌起跳，向上跳时两腿要充分蹬直。

（2）头上击掌时，颈部正直，大臂靠近耳部。

第五节　行进间成套徒手体操动作示例

行进间成套徒手体操上肢运动、扩胸运动、振臂运动、压腿运动、体侧运动、体转运动、腹背运动、跳跃运动分解动作如图 3-8-33 ～图 3-8-40 所示。

一、上肢运动分解动作

预备　1　2　3　4

图3-8-33　行进间成套徒手体操上肢运动分解动作

预备姿势：行进间便步走，掌心向内。

1 拍：左脚向前一步，同时两臂前举，掌心向下。

2 拍：右脚向前一步，同时两臂上举，掌心向前。

3 拍：左脚向前一步，同时两臂前举，掌心向下。

4 拍：右脚向前一步，同时两臂摆至后举，掌心向后。

5 ～ 8 拍同 1 ～ 4 拍，但第四个八拍的最后一拍还原成预备姿势。

二、扩胸运动分解动作

预备　1　2　3　4

图3-8-34　行进间成套徒手体操扩胸运动分解动作

预备姿势：行进间便步走，掌心向内。

1 拍：左脚向前一步，同时两臂经前至胸前平屈后振，掌心向下。

2 拍：右脚向前一步，两臂再胸前平屈后振一次。

3 拍：左脚向前一步，同时两臂经前伸直（掌心向上）至侧平举后振。

4 拍：右脚向前一步，再侧平举后振一次。

5 ～ 8 拍同 1 ～ 4 拍，但第四个八拍的最后一拍还原成预备姿势。

三、振臂运动分解动作

预备　1　2　3　4

图3-8-35　行进间成套徒手体操振臂运动分解动作

预备姿势：行进间便步走，掌心向内。

1 拍：左脚向前一步，同时右臂经前上举后振，掌心向前，左臂下举后振，掌心向后。

2 拍：右脚向前一步，同时左臂经前上举后振，掌心向前，右臂经前下举后振，掌心向后。

3 拍：同 1 拍。

4 拍：同 2 拍。

5 ～ 8 拍同 1 ～ 4 拍，但第四个八拍的最后一拍还原成预备姿势。

四、压腿运动分解动作

预备　1　2　3　4

图3-8-36　行进间成套徒手体操压腿运动分解动作

预备姿势：行进间便步走，掌心向内。

1 拍：左脚向前一大步成弓步，同时两手扶左膝。

2 拍：上体向下压腿一次。

3 拍：再向下压腿一次。

4 拍：同 3 拍的姿势。。

5 ～ 8 拍同 1 ～ 4 拍，但换右脚做。第四个八拍的最后一拍还原成预备姿势。

五、体侧运动分解动作

预备 1 2 3 4

图3-8-37 行进间成套徒手体操体侧运动分解动作

预备姿势：行进间便步走，掌心向内。

1 拍：左脚向前一步，同时右臂经侧至上举，左臂后举，双掌掌心向下，向左侧屈一次。

2 拍：右脚向前一步，同时左臂经侧至上举，右臂经侧下后举，双掌掌心向下，向右侧屈一次。

3 拍：同 1 拍。

4 拍：同 2 拍。

5 ～ 8 拍同 1 ～ 4 拍，但第四个八拍的最后一拍还原成预备姿势。

六、体转运动分解动作

预备 1 2 3 4

图3-8-38 行进间成套徒手体操体转运动分解动作

预备姿势：行进间便步走。

1 拍：左脚向前一步，两手半握拳，两臂胸前平屈（拳心向下），同时上体向左转动（约 90°）。

2 拍：右脚向前一步，同时上体向右转动（约 180°）。

3 拍：左脚向前一步，同时上体向左转动（约 180°）。

4 拍：同 2 拍。

5～8 拍同 1～4 拍，第五拍转动 180°。第四个八拍的最后一拍还原成预备姿势。

七、腹背运动分解动作

预备　1　2　3　4

图3-8-39　行进间成套徒手体操腹背运动分解动作

预备姿势：行进间便步走。

1 拍：左脚向前一步，同时身体向右转体 90°，两臂经前上举至顶点，双手握拳，拳心向后，抬头、体后屈。

2 拍：再体后屈一次。

3 拍：体前屈，手掌触地。

4 拍：再体前屈一次。

5～8 拍同 1～4 拍，但换右脚向前一大步，同时身体向左转体 180°。第四个八拍的最后一拍还原成直立。

八、跳跃运动分解动作

预备　1　2　3　4

图3-8-40　行进间成套徒手体操跳跃运动分解动作

预备姿势：直立。

1拍：两手叉腰，两腿向前上方跳起，并腿落地。

2拍：并腿向前上方跳至开立，同时两臂经侧至上举击掌。

3拍：分腿向前上方跳至并腿，同时两手叉腰。

4拍：同2拍。

5～8拍同1～4拍，但第二个八拍的最后一拍还原成预备姿势。

总要求：（1）做操时精神要振奋，动作要准确、协调。

（2）各节动作要求同原地的相应的单节动作。

（3）动作节奏与行进步伐协调配合。

第六节　双人徒手体操动作示例

双人徒手体操上肢运动、下蹲运动、踢腿运动、体侧运动、体转运动、压肩运动、全身运动、跳跃运动分解动作如图3-8-41～图3-8-48所示。

一、上肢运动分解动作

预备　　1　　2　　3　　4

图3-8-41　双人徒手体操上肢运动分解动作

预备姿势：面对面握手直立。

1拍：甲、乙手掌相贴，两臂侧举，与肩持平。

2拍：甲、乙手掌相贴，两臂上举。

3拍：甲、乙还原成1拍的姿势。

4拍：甲、乙还原成预备姿势。

5～8拍同1～4拍。

要求：动作要协调、舒展。

二、下蹲运动分解动作

预备　　1　　2　　3　　4

图3-8-42　双人徒手体操下蹲运动分解动作

预备姿势：面对面握手直立。

1拍：甲、乙手掌相贴，两臂侧举，与肩持平。

2拍：甲、乙手掌相贴，两臂上举，同时屈膝半蹲。

3拍：甲、乙还原成1拍的姿势。

4拍：甲、乙还原成预备姿势。

5～8拍同1～4拍。

要求：半蹲时两膝并拢，脚跟不要提起。

三、踢腿运动分解动作

预备　　1　　2　　3　　4

图3-8-43　双人徒手体操踢腿运动分解动作

预备姿势：面对面握手直立。

1拍：甲、乙左脚分别侧出一步，脚尖点地，同时手掌相贴，两臂侧举，与肩持平。

2拍：甲、乙左腿分别侧踢。

3拍：甲、乙还原成1拍的姿势。

4拍：甲、乙左脚收回，两臂还原成预备姿势。

5 ～ 8 拍同 1 ～ 4 拍，但换右脚做。

要求：踢腿时，脚面绷直，两腿不要弯曲，上体保持正直。

四、体侧运动分解动作

预备　　1　　2　　3　　4

图3-8-44　双人徒手体操体侧运动分解动作

预备姿势：面对面握手直立。

1 拍：甲左脚侧出一步，同时两臂侧举，乙同甲，但乙右脚侧出。

2 拍：甲左臂下摆，右臂上举、向左侧屈。乙相反。

3 拍：还原成 1 拍的姿势。

4 拍：甲左脚收回，两臂还原至两侧成直立。乙同甲，但乙右脚收回。

5 ～ 8 拍同 1 ～ 4 拍。但方向相反。

要求：侧屈时不要转体或前倾。

五、体转运动分解动作

预备　　1　　2　　3　　4

图3-8-45　双人徒手体操体转运动分解动作

预备姿势：面对面握手直立。

1 拍：甲左脚向右前半步成交叉立，同时向右转体 90°，右臂上举。乙相反。且甲左手与乙右手相握。

2 拍：甲向右转体 90°，双手上举相握。乙相反。两人背对。

3 拍：甲左脚向右前半步成交叉立，同时向右转体 90°。乙相反。

4 拍：甲向右转体 90°，还原成预备姿势。乙相反。

5 ～ 8 拍同 1 ～ 4 拍，但方向相反。第四个八拍的最后一拍还原成直立。

要求：动作要协调。

六、压肩运动分解动作

预备　　1　　2～3　　4

图3-8-46　双人徒手体操压肩运动分解动作

预备姿势：面对面握手直立。

1 拍：甲左脚侧出一步，同时两手扶住对方两肩。乙同甲，但乙右脚侧出。

2 拍：甲左脚向后一步。体前屈，同时两臂压肩一次。乙同甲，但乙右脚向后一步。

3 拍：再压肩一次。

4 拍：还原成预备姿势。

5 ～ 8 拍同 1 ～ 4 拍，但脚交换进行。

要求：压肩时，幅度要逐渐加大。

七、全身运动分解动作

预备　　1　　2　　3　　4

图3-8-47　双人徒手体操全身运动分解动作

预备姿势：面对面握手直立。

1 拍：甲左脚侧出一大步成侧弓步，同时左臂侧上举，右臂侧下举。乙相反。

2 拍：甲左腿伸直，右腿弯曲成弓步，同时上体前屈，左手触左脚面，右臂侧上举。乙相反。

3 拍：还原成 1 拍的姿势。

4 拍：还原成预备姿势。

5 ～ 8 拍同 1 ～ 4 拍，但脚交换进行。

要求：做弓步时，后脚跟不要提起。

八、跳跃运动分解动作

预备　　1　　2、4、6　　3、5　　7

图3-8-48　双人徒手体操跳跃运动分解动作

预备姿势：面对面握手直立。

1 拍：甲、乙同时下蹲。

2 拍：甲、乙同时左腿前伸。

3 拍：甲、乙同时收回左腿，右腿前伸。

4 拍：重复 2 拍动作。

5 拍：重复 3 拍动作。

6 拍：重复 2 拍动作。

7 拍：甲、乙还原成预备姿势。

要求：下蹲时，后脚跟不要提起。

第九章　成套单人轻器械操示例

主要内容

本章主要以单人棍操、实心球操、绳操、哑铃等单人轻器械体操为例，起到参考的作用。

教学目标

熟悉掌握各类轻器械徒手体操的成套示例。

第一节　单人棍操示例

单人棍操上肢运动、下蹲运动、踢腿运动、体侧运动、体转运动、腹背运动、全身运动、跳跃运动分解动作如图 3-9-1 ～图 3-9-8 所示。

一、上肢运动分解动作

预备　　1　　2　　3　　4

图3-9-1　单人棍操上肢运动分解动作

预备姿势：双手持棍两端，体前下垂。

1 拍：左脚侧出一步，同时两臂经前屈臂棍在胸前举。

2 拍：两臂伸直上举至顶点，稍抬头。

3 拍：还原成 1 拍的姿势。

4 拍：左脚收回，两臂还原成预备姿势。

1 ～ 8 拍同 1 ～ 4 拍，但换右脚做。

二、下蹲运动分解动作

预备　　1　　2　　3　　4

图3-9-2　单人棍操下蹲运动分解动作

预备姿势：双手持棍两端，体前下垂。

1 拍：两臂经前至上举，稍抬头。

2 拍：屈膝半蹲，同时左臂前上举，右臂前下举，棍与地面垂直。

3 拍：还原成 1 拍的姿势。

4 拍：两臂经前还原成预备姿势。

5 ～ 8 拍同 1 ～ 4 拍，但第六拍右臂在上，左臂在下前举。

三、踢腿运动分解动作

预备　　1　　2　　3　　4

图3-9-3　单人棍操踢腿运动分解动作

预备姿势：双手持棍两端，体前下垂。

1拍：左脚向前半步，重心移至左脚上，右脚掌着地，同时两臂经前至上举，稍抬头。

2拍：右腿前踢，同时棍触右脚脚面。

3拍：还原成1拍的姿势。

4拍：还原成预备姿势。

5～8拍同1～4拍，但换右脚做。

四、体侧运动分解动作

预备　　1　　2　　3　　4

图3-9-4　单人棍操体侧运动分解动作

预备姿势：双手持棍两端，体前下垂。

1拍：左脚侧出一步，脚尖点地。同时右手滑动握棍端屈臂靠肩，左手伸直握棍上举。

2拍：向右体侧屈一次。

3拍：再向右体侧屈一次。

4拍：还原成预备姿势。

5～8拍同1～4拍，但方向相反。

五、体转运动分解动作

预备　　1　　2　　3　　4

图3-9-5　单人棍操体转运动分解动作

预备姿势：双手持棍两端，体前下垂。

1 拍：左脚侧出一大步，同时两臂经前上屈臂头后举。

2 拍：上体向左转动（约 90°）。

3 拍：还原成 1 拍的姿势，但两臂上举至顶点，稍抬头。

4 拍：还原成预备姿势。

5 ～ 8 拍同 1 ～ 4 拍，但方向相反。

六、腹背运动分解动作

预备　　1　　2　　3　　4

图3-9-6　单人棍操腹背运动分解动作

预备姿势：双手持棍两端，体前下垂。

1 拍：左脚侧出一步，同时两臂经前至上举至顶点，身体后仰，抬头，体后屈。

2 拍：再体后屈一次。

3 拍：体前屈，棍触地。

4 拍：再体前屈一次。

5 ～ 8 拍同 1 ～ 4 拍。但第四个八拍的最后一拍还原成预备姿势。

七、全身运动分解动作

预备　　1　　2　　3　　4

图3-9-7　单人棍操全身运动分解动作

预备姿势：双手持棍两端，体前下垂。

1 拍：左脚侧出一大步成左弓步，同时向左转体 90°，左臂前上举，右臂前下举，棍与地面垂直。

2 拍：向右转体 180° 成右弓步，同时两手沿棍滑动棍端至前举。

3 拍：还原成 1 拍的姿势。

4 拍：还原成预备姿势。

5 ～ 8 拍同 1 ～ 4 拍，但方向相反。

八、跳跃运动分解动作

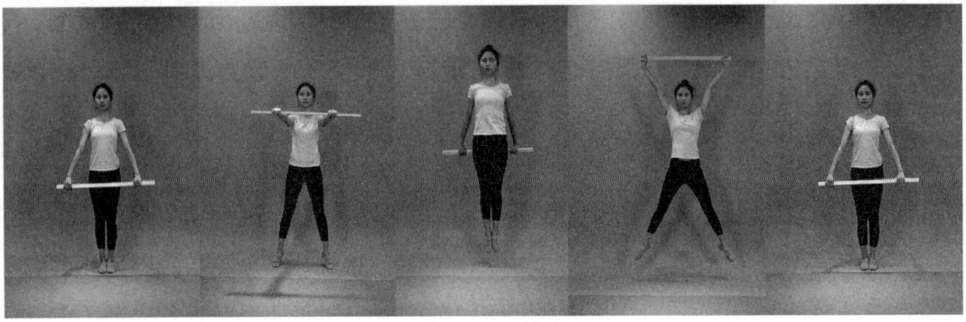

预备　　1　　2　　3　　4

图3-9-8　单人棍操跳跃运动分解动作

预备姿势：双手持棍两端，体前下垂。

1 拍：两脚跳成开立，同时两臂前举，与肩持平。

2 拍：两脚跳成并腿，同时两臂经上绕至后举。

3 拍：两脚跳成开立，同时两臂上举。

4 拍：两脚跳成并腿，同时两臂经前还原成预备姿势。

5 ～ 8 拍同 1 ～ 4 拍。

第二节　单人实心球操示例

单人实心球操上肢运动、四肢运动、踢腿运动、体侧运动、体转运动、腹背运动、全身运动、跳跃运动分解动作如图 3-9-9 ～图 3-9-16 所示。

一、上肢运动分解动作

预备　　1　　2　　3　　4

图3-9-9　单人实心球操上肢运动分解动作

预备姿势：两手体前持球直立。

1 拍：左脚向左侧出一步，同时两臂自然向左摆动。

2 拍：两臂自然经前向右摆动。

3 拍：两臂经前向左绕上举至顶点。

4 拍：两臂经右下还原成预备姿势。

5 ～ 8 拍同 1 ～ 4 拍。

二、四肢运动分解动作

预备　　1　　2　　3　　4

图3-9-10　单人实心球操四肢运动分解动作

预备姿势：左手托球下垂直立。

1 拍：左脚侧出一大步，左手托球，右手掌心向下，同时两臂侧举。

2 拍：左腿屈膝成侧弓步。

3 拍：还原成 1 拍的动作。

4 拍：左脚收回，两臂还原成预备姿势。

5～8 拍同 1～4 拍，但换右脚做，右手托球，左手掌心向下。第四个八拍的最后一拍成两手体前持球直立。

三、踢腿运动分解动作

预备　1　2　3　4

图3-9-11　单人实心球操踢腿运动分解动作

预备姿势：两手体前持球直立。

1 拍：左脚向前约 45° 跨一步，重心移至左脚上，右脚掌着地，同时左臂前上举，右手托球后下举。

2 拍：右腿前踢，同时两臂在右腿下右手将球传递给左手。

3 拍：还原成 1 拍的动作，左手托球前上举，右臂后下举。

4 拍：还原成预备姿势。

5～8 拍同 1～4 拍。

四、体侧运动分解动作

预备　1　2　3　4

图3-9-12　单人实心球操体侧运动分解动作

预备姿势：两手体前持球直立。

1 拍：左脚向左侧出一步，脚尖点地，同时左手持球侧举，右臂经侧上举，右手掌心向内。

2 拍：左臂经侧上举，右手扶球，向左侧屈一次。

3 拍：再向左侧屈一次。

4 拍：还原成预备姿势。

5 ～ 8 拍同 1 ～ 4 拍，但方向相反。第四个八拍的最后一拍成左手托球下垂直立。

五、体转运动分解动作

预备　1　2　3　4

图3-9-13　单人实心球操体转运动分解动作

预备姿势：两手体前持球直立。

1 拍：左脚向左侧出一大步，同时两臂经前，双手举球，上举至顶点，抬头。

2 拍：体前屈，球绕至左脚后。

3 拍：上体抬起，同时两臂带到上体向右转，两臂前上举，两眼看球。

4 拍：还原成预备姿势。

5 ～ 8 拍同 1 ～ 4 拍，但方向相反。

六、腹背运动分解动作

预备　1　2　3　4

图3-9-14　单人实心球操腹背运动分解动作

预备姿势：两手体前持球直立。

1 拍：左脚向左侧出一步，同时两臂经前至上举至顶点，双手持球后振，抬头，体后屈。

2 拍：体前屈，同时右手将球在胯下绕过左腿、左手在体后接球又绕过左腿至体前两手持球。

3 拍：还原成 1 拍的动作。

4 拍：左脚收回，两臂还原成预备姿势。

5 ～ 8 拍同 1 ～ 4 拍。

七、全身运动分解动作

预备　1　2　3　4

图3-9-15　单人实心球操全身运动分解动作

预备姿势：两手体前持球直立。

1 拍：左脚向前跨一大步成弓步，同时两臂经前双手持球上举至顶点，抬头。

2 拍：两臂向右下绕至球触右脚面，右脚伸直，左脚屈膝支撑。

3 拍：还原成1拍的动作。

4 拍：左脚蹬地收回，两臂持球还原至体前成预备姿势。

5 ～ 8 拍同 1 ～ 4 拍。

八、跳跃运动分解动作

预备　1　2　3　4

图3-9-16　单人实心球操跳跃运动分解动作

预备姿势：两手体前持球直立。

1 拍：两脚跳成开立，屈膝半蹲，双手保持体前持球。

2 拍：膝盖伸直向上跳起，同时两手把球向上抛 1 米左右。

3 拍：屈膝半蹲，同时两手接球在体前。

4 拍：并腿向上跳起并还原成预备姿势。

5 ～ 8 拍同 1 ～ 4 拍。

第三节　单人绳操示例

单人绳操上肢运动、伸展运动、踢腿运动、体侧运动、体转运动、腹背运动、平衡运动、跳跃运动分解动作如图 3-9-17 ～图 3-9-24 所示。

一、上肢运动分解动作

预备　　1　　2　　3　　4

图3-9-17　单人绳操上肢运动分解动作

预备姿势：直立，双手持四折绳两端于体前，拳心相对。

1 拍：左脚向左侧出半步，屈肘上举绳于胸前，拳心相对。

2 拍：双手上举绳于头上，至顶点。

3 拍：还原成 1 拍动作。

4 拍：还原成预备姿势。

5 ～ 8 拍同 1 ～ 4 拍。

二、伸展运动分解动作

预备　1　2　3　4

图3-9-18　单人绳操伸展运动分解动作

预备姿势：直立，双手持四折绳两端于体前，拳心相对。

1 拍：左脚向左侧出一步，同时两臂前举，与肩持平，拳心相对。

2 拍：向左转体 90°（右脚尖点地），同时两臂向下经体前绕至上举（抬头挺胸）。

3 拍：还原成 1 拍动作。

4 拍：还原成预备姿势。

5 ～ 8 拍同 1 ～ 4 拍。

三、踢腿运动分解动作

预备　1　2　3　4

图3-9-19　单人绳操踢腿运动分解动作

预备姿势：直立，双手持四折绳两端于体前，拳心相对。

1 拍：左脚前出一步，重心前移，右前脚掌点地，同时两臂上举至顶点（抬头），拳心相对。

2 拍：右腿向侧前上踢起，同时上体向右转约 90°，两臂向右后摆。

3 拍：还原成 1 拍的动作。

4 拍：还原成预备姿势。

5 ～ 8 拍同 1 ～ 4 拍，但右脚前出踢左腿，身体左转，两臂向左。

四、体侧运动分解动作

预备　1　2　3　4

图3-9-20 单人绳操体侧运动分解动作

预备姿势：直立，双手持四折绳两端于体前，拳心相对。

1 拍：左脚向左侧出一步，同时两臂前举，拳心相对。

2 拍：双手仍持四折绳两端，两臂经下绕至左臂上举右臂胸前平屈。

3 拍：上体右侧屈一次。

4 拍：还原成预备姿势。

5 ～ 8 拍同 1 ～ 4 拍，但出右脚向左侧屈，右臂上举左臂脑前平屈。

五、体转运动分解动作

预备　1　2　3　4

图3-9-21 单人绳操体转运动分解动作

预备姿势：直立，双手持四折绳两端于体前，拳心相对。

1 拍：左脚向左侧出一步，同时两臂前举。

2 拍：上体向左转约 90°，双手仍持四折绳两端，拳心相对，左臂侧后举，右臂胸前平屈。

3 拍：还原成 1 拍动作。

4 拍：还原成预备姿势。

5 ～ 8 拍同 1 ～ 4 拍，但方向相反。

六、腹背运动分解动作

预备　1　2　3　4

图3-9-22　单人绳操腹背运动分解动作

预备姿势：直立，双手持四折绳两端于体前，拳心相对。

1 拍：左脚向左侧出一大步，同时两臂经体前上举至顶点。

2 拍：体前屈，同时绳触地两手下压。

3 拍：还原成 1 拍的动作。

4 拍：还原成预备姿势。

5 ～ 8 拍同 1 ～ 4 拍，方向相反。

七、平衡运动分解动作

预备　1　2-6　7　8

图3-9-23　单人绳操平衡运动分解动作

预备姿势：直立，双手持四折绳两端于体前，拳心相对。

1 拍：左脚向前一步，重心移至左脚上，右脚前掌着地，同时两臂上举至顶点。

2 拍：上体前屈，左腿支撑地平，同时右腿后举成俯平衡。

3 ～ 6 拍成俯平衡静止不动。

7 拍：还原成 1 拍动作。

8 拍：左脚收回，两臂还原成预备姿势。

第二个八拍同第一个八拍，换右脚做。

八、跳跃运动分解动作

图3-9-24　单人绳操跳跃运动分解动作

预备姿势；绳打开，双手持绳两端于体后直立。

1 拍：两臂正摇，双脚跳绳一次。

2 拍：同 1 拍动作。

3 拍：同 1 拍动作，但左脚提膝跳。

4 拍：同 1 拍动作，但右脚提膝跳。

5 ～ 8 拍同 1 ～ 4 拍，方向相反。

第四节　单人哑铃操示例

单人哑铃操上肢运动、下蹲运动、扩胸运动、踢腿运动、体侧运动、体转运动、腹背运动、跳跃运动分解动作如图 3-9-25 ～图 3-9-32 所示。

一、上肢运动分解动作

图3-9-25　单人哑铃操上肢运动分解动作

预备姿势：双手各自持铃直立。

1 拍：左脚向左侧出一步，同时两臂前举击铃，与肩持平，拳心相对。

2 拍：两臂体后击铃，拳心向下。

3 拍：两臂经侧上举击铃至顶点，拳心相对。

4 拍：左脚收回，两臂经侧还原成预备姿势。

5 ～ 8 拍同 1 ～ 4 拍，但换右脚做。

二、下蹲运动分解动作

预备　1　2　3　4

图3-9-26　单人哑铃操下蹲运动分解动作

预备姿势：双手各自持铃直立。

1 拍：左脚向左侧一步，同时两臂侧举，与肩持平，拳心向前。

2 拍：两臂上举击铃至顶点，拳心相对。

3 拍：左脚收回，两腿并拢，屈膝半蹲，同时两臂前举击铃，与肩持平，拳心相对。

4 拍：两臂还原成预备姿势。

5 ～ 8 拍同 1 ～ 4 拍，但换右脚做。

三、扩胸运动分解动作

预备　1　2　3　4

图3-9-27　单人哑铃操扩胸运动分解动作

预备姿势：双手各自持铃直立。

1 拍：左脚向前一大步成弓步，同时两臂经前成胸前平屈后振，拳心相对。

2 拍：两臂经前伸直至侧平举后振，拳心向外。

3 拍：两臂前举击铃，与肩持平，拳心相对。

4 拍：左脚蹬地收回，两臂还原成预备姿势。

5 ～ 8 拍同 1 ～ 4 拍，但换右脚做。

四、踢腿运动分解动作

预备　1　2　3　4

图3-9-28　单人哑铃操踢腿运动分解动作

预备姿势：双手各自持铃直立。

1 拍：左脚向前半步，重心至左脚上，右脚前掌着地，同时两臂经侧上举至顶点击铃。

2 拍：右腿伸直向前上踢，同时两手右腿下击铃。

3 拍：还原成 1 拍的动作。

4 拍：左脚收回，两臂经前还原成预备姿势。

5 ～ 8 拍同 1 ～ 4 拍，但换右脚做。

五、体侧运动分解动作

预备　1　2　3　4

图3-9-29　单人哑铃操体侧运动分解动作

预备姿势：双手各自持铃直立。

1 拍：左脚向左侧出一步，同时两臂侧举，与肩持平，拳心向外。

2 拍：右臂向上绕一周至上举，左臂保持侧举。

3 拍：两臂上举击铃，拳心向后，同时向左侧屈。

4 拍：还原成预备姿势。

5 ～ 8 拍同 1 ～ 4 拍，但换右脚做。

六、体转运动分解动作

预备　　1　　2　　3　　4

图3-9-30　单人哑铃操体转运动分解动作

预备姿势：双手各自持铃直立。

1 拍：左脚向左侧出一大步，同时两臂侧举，与肩持平，拳心向前。

2 拍：上体向左转动约 90°，同时两臂前举击铃，拳心相对。

3 拍：还原成 1 拍的动作。

4 拍：左脚收回，两臂还原成预备姿势。

5 ～ 8 拍同 1 ～ 4 拍，但方向相反。

七、腹背运动分解动作

预备　　1　　2　　3　　4

图3-9-31　单人哑铃操腹背运动分解动作

预备姿势：双手各自持铃直立。

1 拍：左脚向左侧出一大步，同时两臂经侧至上举击铃至顶点，拳心向后，抬头，体后屈。

2 拍：体前屈，两手在左腿后击铃。

3 拍：两手右腿后击铃。

4 拍：还原成预备姿势。

5 ～ 8 拍同 1 ～ 4 拍，但换右脚做。

八、跳跃运动分解动作

预备　　1　　2　　3　　4

图3-9-32　单人哑铃操跳跃运动分解动作

预备姿势：双手各自持铃直立。

1 拍：两脚跳成开立，两臂侧举，与肩持平，拳心向前。

2 拍：两脚跳成并腿，同时两臂上举至顶点，击铃，拳心向后。

3 拍：跳成 1 拍的动作。

4 拍：两脚跳成并腿，同时两臂还原成预备姿势。

5 ～ 8 拍同 1 ～ 4 拍。

复习思考题

1. 简述徒手体操创编的原则。
2. 徒手体操创编应考虑哪些要素？
3. 创编一套体操，并用文字说明。

参考文献

[1] 刘金 . 普通高校体育教育专业体操教材研究 [D]. 成都：成都体育学院，2013.
[2] 王伯华 . 基本体操 [M]. 杭州：浙江大学出版社，2004：1-5.
[3] 中公教育安徽教师招聘考试院 . 2015 最新版学科专业知识小学体育 [M]. 北京：世界图书出版公司，2014：242-245.
[4] 张涵劲 . 体操 [M]. 3 版 . 北京：高等教育出版社，2015：49-51.
[5] 文烨，万江，李锐 . 高等学校公共体育新形态教材大学体育理论与基础 [M].2 版 . 北京：高等教育出版社，2018：162-165.
[6] 宋海宾，张爱平，黄河，等 . 大学体育俱乐部理论与实践教材 [M]. 北京：北京体育大学出版社，2014：84-90.
[7] 封官声 . 基本体操 [M]. 武汉：华中师范大学出版社，1997：2-5.
[8] 吕万刚，胡建国，宋文利 . 体操 [M]. 北京：北京体育大学出版社，2007：13-14.
[9] 王玉会，李建申 . 学校健美操与艺术体操创编及教学训练指导手册 [M]. 北京：中国教育出版社，2004：55-56.
[10] 韦广忠，郑湘平 . 基本体操理论教学与实践 [M]. 武汉：湖北大学出版社，2006：32-33.
[11] 易小坚，罗培，黎明华，等 . 体育教育实习指导 [M]. 长沙：湖南师范大学出版社，2012：23-28.
[12] 易学，冉清泉 . 现代体育准备活动 [M]. 重庆：西南师范大学出版社，1996：78-79.
[13] 江勇金，范建军 . 现代体育新秀团体操 [M]. 呼和浩特：远方出版社，2007：18-23.
[14] 韦广忠，郑湘平 . 基本体操理论教学与实践 [M]. 武汉：湖北大学出版社，2006：30-31.
[15] 王金稳，曾黎 . 体育教师职业技能训练 [M]. 成都：西南交通大学出版社，

2016：196-199.

［16］周建新 . 体育学科教学法［M］. 北京：人民体育出版社，2016：139-151.

［17］蔺新茂 . 体操［M］. 重庆：重庆大学出版社，2017：56-87.

［18］童昭岗，雷咏时 . 体操［M］. 2 版 . 桂林：广西师范大学出版社，2006：37-38.

［19］杨烨 . 大学生体育运动技能准则［M］. 上海：上海教育出版社，2018：235-237.

［20］张涵劲 . 体操［M］. 3 版 . 北京：高等教育出版社，2015：50-51.

［21］凌辉 . 学校体操［M］. 北京：北京体育大学出版社，2012：32-48.

［22］赵亚娜，刘美云，杜美 . 高校健美操训练理论与方法研究［M］. 北京：中国书籍出版社，2014：12-13.

［23］方爱莲，赵晓红 . 体育文化导论［M］. 北京：高等教育出版社，2009：315-316.

［24］张予南，高留红 . 体操初级教程［M］. 北京：北京体育大学出版社，2011：156-157.

［25］柳克奇 . 体操教学与训练方法论［M］. 长沙：湖南大学出版社，2004：19-24.

［26］韩宏飞 . 现代体操教学理论与方法［M］. 北京：北京体育大学出版社，2001：220-224.

［27］张彦龙，马志君 . 体育教育专业体操课程改革与创新［M］. 北京：新华出版社，2015：11-14.

［28］麻雪田，吕世杰，琨炎 . 基础体操体育游戏［M］. 北京：知识出版社，1998：79-80.

［29］体育院、系教材编审委员会《体操》编写组 . 体育系通用教材 . 体操［M］. 北京：人民体育出版社，1985：317-326.

［30］全国体育学院教材委员会审定 . 体操［M］. 北京：人民体育出版社，2005：53-68.

［31］李金泉，李荣 . 幼儿体育［M］. 2 版 . 北京：高等教育出版社，2013：45-46.

［32］冉清泉，易学，丰孝法 . 体操健美舞蹈［M］. 重庆：西南师范大学出版社，2006：123-125.

［33］胡初萌 . 军体操［M］. 北京：解放军出版社，2000：28-30.

［34］冉清泉，易学，丰孝法 . 体操健美舞蹈［M］. 重庆：西南师范大学出版社，

1996：145-147.

[35] 杜典英 . 浅谈体操教学中一般身体发展练习 [J]. 体育与科学，1996（3）：84-85, 80.

[36] 陈雁飞 . 体育 [M]. 北京：北京体育大学出版社，2004：92-95.

[37] 朱光辉，化洪斌，刘卫，等 . 体操 [M]. 济南：山东大学出版社，2001：94-97.

[38] 刘晓，叶鹏，邓文才 . 大学体育与健康新教程 [M]. 北京：中国档案出版社，2006：177-178.

[39] 彭炤灶 . 浅谈队列队形在体育教学中的运用 [J]. 魅力中国，2011（2）：350.

[40] 姚伟 . 浅析基本体操在中学体育教学中的作用 [J]. 新教育时代电子杂志（教师版），2019（13）：72.

[41] 李盛，乔婉 . 体操 [M]. 北京：军事谊文出版社，2006：65.